古代オリエント史講義

シュメールの王権のあり方と社会の形成

前田 徹
Maeda Tohru

山川出版社

古代オリエント史講義

目次

古代オリエント史講義

シュメールの王権のあり方と社会の形成

第Ⅰ部　歴史に接近する

第一講　シュメール史へのいざない

はじめに

高校世界史の教科書にも載っているように、日本では、メソポタミアとエジプトの二大文明地域を総称して、古代オリエント世界と表現することは常識の部類に入る。欧米では使われないが、「古代オリエント世界」は、根拠のない造語とはいえない。オリエントとは、ラテン語の「日出ずるところOriens」に派生し、ローマから見て東であるギリシアとそれより遠い地中海世界やエジプトをさす。まさしくローマ人にとって、先進の文化である「光は東方より」くるのである。エジプトとメソポタミア両文明が成立した地域を古代オリエント世界とくることは、なんら原義に反するものではない。むしろ活用すべき用語である。

なぜなら、その九九％以上の時間を狩猟採集で生活していた人類は、今から一万年前に麦類の栽培化と、牛、山羊、羊などの家畜化による生産経済を達成し、それから五千年後に、今度は、文字をもった都市文明を生み出した。それは、人類が自然的存在から社会的存在に変貌したことであり、両者ともに、古代オ

前3500	3100	2900	2300	2100	2000	1800	1500	1100	900	600	500
					古エラム		中エラム	新エラム			
ウルク期	ジェムデト・ナスル期	初期王朝時代	アッカド王朝	ウル第三王朝	古バビロニア		中バビロニア	暗黒時代	新アッシリア	新バビロニア	ペルシア アケネネス朝
					イシン・ラルサ王朝	バビロン第一王朝	カッシト王朝 イシン第二王朝				
					古アッシリア		中アッシリア ミタンニ ヒッタイト				

表1　古代メソポタミア史略年表

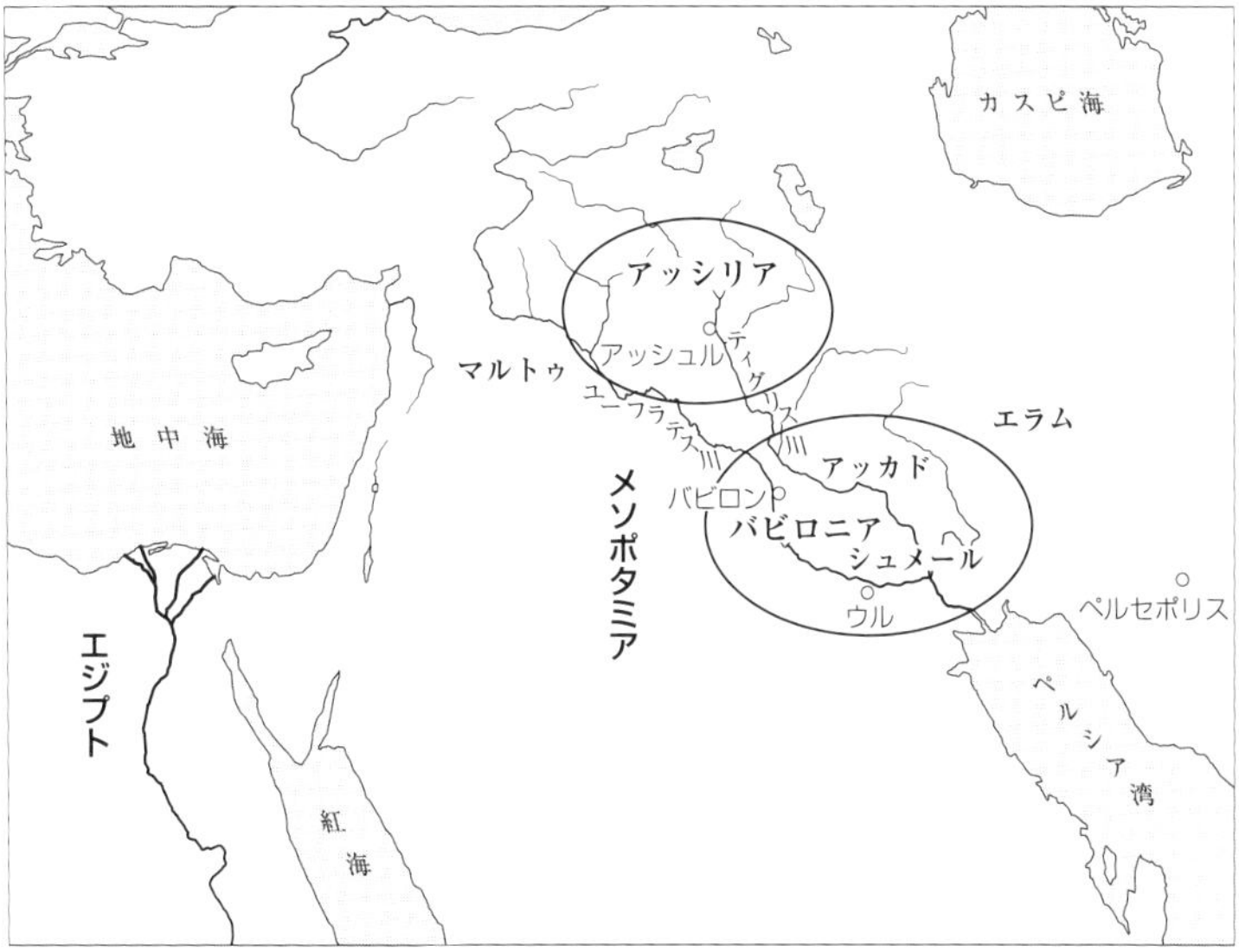

図1　古代オリエントの世界　メソポタミアとエジプト

リエント世界で起こったからである。

本講義は、古代オリエント世界全体でなく、メソポタミアを対象にする。メソポタミアは「両川のあいだ」を意味し、ティグリス・ユーフラテス両川流域をさす。この地で文字が発明されたのは、前三一〇〇年頃のウルク期である(表1)。その時期からアケメネス朝ペルシアが滅亡した前三三一年までの約三〇〇〇年を描くことが、古代メソポタミア史の常道とされる。しかし、この講義の副題が、「シュメールの王権と社会」であるように、時代をシュメール人が活躍した前三千年紀に絞り、初期王朝時代、アッカド王朝時代、ウル第三王朝時代を範囲とし(表1)、王権の展開を追い、時代の特質を述べることにしたい。

我々が使うメソポタミアは、「川のあいだ(の地域)」を意味するギリシア語 meso-potamos に由来する用語であり、この地で文明を発展させた人々は、当然に別の呼称を使い、その呼称が時代によって異なった。大雑把にいえば、前二千年紀以降であれば、図1にあるように、北のアッシリアと南のバビロニア、それより古い前三千年紀では、シュメールとアッカドである。この講義が対象にするのは、バビロンとアッシュルが強大化する前、前三千年紀のシュメールとアッカドの時代であり、主として、シュメール語史料に基づいて述べることになる。

二〇回の講義になるが、第一講から第四講までが導入部であり、第五講からが本論になる。第一講と第二講では、古代メソポタミア史を研究する意義と、一九世紀という時代を背景にして成立したアッシリア学の学問的特徴を指摘し、第三講と第四講では、歴史を語る、もしくは研究するときの前提となる年表・編年と時代区分を扱う。

本論となる第五講以降では、第九講までが王権に関して、王と王妃に分けて述べることになる。第十講からは、前三千年紀のシュメール社会に関係した事項を取り上げる。ただし、この時期の史料のほとんどが、王の公的経営体（家政組織）で記録された行政経済文書であるという制約から、シュメール社会の構造、身分・階級などを直接知ることはできない。したがってシュメールの社会を述べる前に、第十講から第十六講までを王の家政組織とそこで作成された文書にあて、その特質を明らかにすることで、当該社会のあり方を類推するという方法を採る。

古代メソポタミア史を学ぶこと

さて、早速本題に入り、予定する一つ「古代メソポタミア史を研究する意義」について述べたい。最古の文明であるメソポタミアやエジプトに魅了され、ロマンを求める人は多い。それを非難するつもりは毛頭ない。ノーベル賞受賞者がコメントを求められたとき、多くが言及するように、魅了されること、対象に離れがたい愛着をもつ心持ちは、必ず困難にぶつかる研究を続けるうえで必須のものといえる。問題はそこにとどまってしまって、学問・研究であることを忘れる、もしくは無視することにある。求めるロマンが、幻想と伝説の彼方、異郷・魔界へと誘う謎であるならば、論外である。

合理主義者デカルトが歴史不信を鮮明に表明したことは有名である。理性による明証性によらず、権威や伝統に依存するものは学問に値しないと考えるデカルトは、その最たるものとして歴史をあげ、「理性を駆使することなくして得られるたんなる知識」であると批判した。三五〇年前に批判されたと同じ轍を、歴史学の名のもとに踏む必要はない。
古代メソポタミア史をなぜ学ぶのか。シュメール学を牽引したシカゴ大学のミゲル・シビルが、クレーマー『シュメールの世界に生きて』に寄せた序文に、現代の学問傾向を批判しつつ、次のように書いている(引用は久我行子訳による)。

過去を発見することは、人間の思想を真に豊かにすることにほかならない。空想科学小説では、たいてい自民族中心主義的なイマジネーションによって創り出された哀れな生き物に、この世のものではない世界で遭遇することになるわけだが、過去を発見することは、それとは違った、時空を越える旅の一種である。私たちはそこで同じ仲間の人間と知り合うのである。そこでは、時間的・文化的限界ゆえに現実の形となって現われ得なかったものの、我々と同じ諸特徴を具えている人間と邂逅するのである。

シビルが強調するように、古代メソポタミアは現在から遠く隔たった最古の文明であるとしても、現代と変わらぬ人間が、その時代の現実を生きていた。そうした人間を生気あふれる存在として描くことが歴史学になる。学問・研究であることを忘れたり、無視したりしてはならない。シビルは、現代の物欲に溺れる風潮を批判して次のような苦言を呈する。
《何か事を成し、その過程でついでに財を成す》のと《財を成し、その過程でついでに何か事を成す》のとの違いもなかなか見抜けないばかりか、時には理論上前者の生き方の存在、少なくともその正当性、を否定するような文化、私たちが毒されている物質文化においては、このことは容易に理解されない。

役立つ（つまりはお金が稼げる）知識が優先される現今の大学事情を省みれば、彼の揶揄《やゆ》は、対象にのめり込んで探求することを等閑視する風潮を指摘し、傾聴に値する。

世界史は古代オリエントに始まる

シビルが述べるように、古代メソポタミア史の研究は、人間探究の一つである。それが前提であるが、メソポタミア文明が最古の文明の一つという事実からも、意味づけられる。すでに述べたところであるが、日本では、古代エジプトと古代メソポタミアをくくって「古代オリエント世界」と称することが通用している。しかし、欧米では、アジア大陸と、エジプトが位置するアフリカ大陸との差を際立たせる地理観が根強く、両者を合わせて古代オリエント世界と称することはない。ヨーロッパで通用しがたいとしても、両者を古代オリエントとくくることは有用で便利である。チャイルドが指摘したように、人類史の重要な転換点として、一万年前に起こった農耕牧畜による生産経済の成立と、五千年前の文明の成立をあげることができ、その人類史の二大画期はともに、古代オリエント世界で達成されたからである。

先進的なエジプトとメソポタミア両文明がどのように形成され、どのような社会であったのか。さらには、その後の世界にどのような影響を与えたかが検討されねばならない。つまり、古代オリエント世界は、ギリシア・ローマの前史というだけでなく、世界史の起点をここに求めることができる。古代オリエント世界がたどった歴史過程の独自性を研究すること、それが第一の目的になる。ついで、古代オリエント世界の歴史を理解することで、現代にいたる歴史の諸過程がより鮮明になると期待される。シビルは次のように表現する。

人間の行動を長期間にわたって跡づけてこそはじめて得られる知識をもたずに現存する人間を研究しようとする限界に失望し、歴史的存在物としての人間にこそ新たな興味をもって焦点をあてる、つまり長きにわたる時間の経過を通して人類という種族の行動に焦点をあてるような方法が取られ、人間の研究が新たな展開をみせる日が来るかもしれない。

シビルは近現代史偏重を警告するのであろうが、より広くとって、古代メソポタミア史研究に課せられた現代的課題とは、西欧がギリシア・ローマを再発見して世界史を構築したように、新知見である古代メソポタミア史に始まる人類史・世界史を築くことができるかである。一九世紀になって知られることになった前三千年紀や前二千年紀のメソポタミア史が、我々にとってどのような意味で、古代、もしくは古典古代となりうるのか、そうした視点で見る必要があり、それこそが、古代メソポタミア史を学ぶ醍醐味といえよう。

楔形文字の解読

古代メソポタミアの歴史は、旧約聖書や、ヘロドトス『歴史』に代表されるギリシア・ローマの古典によって、古くから知られていた。しかし、そこに記されていたのは前一千年紀の世界であり、それ以前の前二千年紀や前三千年紀については伝説と空想の世界でしかなかった。前二千年紀に生きたバビロンの王ハンムラビを例にとれば、現在では教科書や概説書に必ず載るほどに古代メソポタミア史を代表する王の一人と認められている。しかし、一九世紀まで、ハンムラビの偉業はもとより、存在そのものが知られていなかった。人口に膾炙《かいしゃ》するのは、ハンムラビ法典碑が発見された二〇世紀初頭以降である。一九世紀より前の人々にとって、前二千年紀にさかのぼる歴史は記憶の闇にあり、知ることが少なかった。こうした知識の限界を打破したのが、一九世紀に成功した楔形《くさびがた》文字の解読である。

古代メソポタミアを対象にしたアッシリア学は、当該地である西アジアの諸国で成立したのでなく、一九世紀の西欧で誕生した。その要因は、西アジアが聖書の舞台であることで、格別に関心を寄せたからである。十字軍以降、幾人もの旅行者が、バベルの塔(と思い込んだ塔)やペルシア帝国の都ペルセポリスの遺跡などを見、旅行記を残している。ただし、彼らは、楔形文字を装飾文様と捉え、文字とは認識していなかった。文字として紹介したのは、『日本誌』で知られるケンペルが一七一二年に出版した本が最初であるとされている。

文字と認識されたことで、楔形文字の解読が始まった。楔形文字で書き写された言語は、シュメール語、アッカド語、ヒッタイト語、ペルシア語など多様であるが、最初の取組は、ペルシア語楔形文字の解読であった。

一八世紀に始まったペルシア語楔形文字の解読作業は、長い前史のすえに一九世紀に成功した。最初の成功者がグローテフェントであり、最大の功労者はローリンソンである。グローテフェントは、おもにペルセポリス碑文から解読を試みた。その成果を一八〇二年に学会で発表し、〇五年に本も出版したが、注目をあびないままに忘れられた。約三〇年ののちの一八三五年、ローリンソンは、長文の碑文を求めてイラン山中のベヒストゥーンの磨崖碑文を苦心のすえ写し取り、四八年までに楔形文字ペルシア語の解読に成功した。

　印欧語族に属するペルシア語の解読に並行して、セム語族であるアッカド語（バビロニア語・アッシリア語）の解読が、ペルセポリスの碑銘やベヒストゥーン磨崖碑文を使って始まった。印欧語族・セム語族という捉え方は、比較（歴史）言語学に由来する。一七八〇年代にジョーンズがインドのサンスクリット語とヨーロッパのギリシア語・ラテン語とのあいだに語彙《ごい》・文法に類似があると指摘したことで、一九世紀に

図2　メソポタミアの遺跡発掘（数字は発掘年）

は、世界の諸言語を比較して、その関係・系統を明らかにする比較(歴史)言語学が成立し、それによって、印欧語族、セム語族、ウラル・アルタイ語族などの語族という分類が考え出された。未知の古代語を含めた世界の諸言語に対する関心の高まりが、楔形文字の解読を成功に導いたともいえる。

アッカド語楔形文字の解読が焦眉となっていた時期は、アッシリアの都ニネヴェやドゥルシャルルキンの遺跡発掘をめぐってフランスとイギリスとが競う「大発掘時代」でもあった。一八五二年にニネヴェで、いわゆるアッシュルバニパル文庫が発見されたように、この時期、多くの楔形文字粘土板文書が、アッシリアの古都から石像・美術品とともに出土した。解読のための史料は、従来利用されていたペルシア帝国の遺跡の碑文から、アッシリアの遺跡から出土した粘土板に移っていく。とくに粘土板文書群に含まれていた辞書類が利用できることもあって、アッカド語の解読は急速に進んだ。

本講義で対象にするシュメール人は、メソポタミア文明を基礎づけた民であるが、その存在は伝承されず、一九世紀までまったく忘れられていた。一九世紀半ばに、楔形文字の音節表記は、セム語の軟音・硬音、口蓋音・歯音の区別を示さないことなどを根拠に、楔形文字の発明はアッカド語を話すアッシリア人でもバビロニア人でもなく、未知の民族によると理解されるようになった。一八六九年、オッペールは、碑銘にある王号「シュメールとアッカドの王」を根拠に、この未知の民族を、正確にシュメール人と命名した。

シュメール人の存在が指摘されるようになったとしても、遺跡から出土したシュメール語資料は十分でなく、シュメール人の存在が確証されるのは、メソポタミア南部に散在するシュメール都市遺跡の発掘が成果をあげてからである。

シュメールの都市遺跡は、「大発掘時代」に簡単な探査がおこなわれていたが、本格的な調査は遅れ、一八七七年に始まるフランス隊によるテッロー(ラガシュ市のギルス市区)遺跡の発掘が最初である。シュメールの三大都市、ニップル、ウル、ウルクの本格的な発掘が開始されたのは、ニップルが一八八九年アメリカ隊、ウルが一九二二年イギリス隊、ウルクが一九二八年ドイツ隊によってである。二〇世紀、それも第一次世界大戦後になってはじめて着手された遺跡もあり、シュメール研究が本格化したのも、それと同時期と捉えることができる。シュメール人と、その言語シュメール語が万人に認められるのは、二〇世紀に入ってからといえる。

なお、本講義で言及することが多い行政経済文書のなかで、ウンマ文書やドレヘム文書は、正規の発掘でなく、古物市場に流れた盗掘品であり、正確な出土地点は不明である。ラガシュは正規に発掘されているが、盗掘によって市場に出回った粘土板文書も多い。

参考文献

ウォーカー、クリストファー(大城光正訳)『楔形文字』學藝書林、一九九五
ウーリー、L/モーレー、P・R・S(森岡妙子訳)『カルデア人のウル』みすず書房、一九八六
江上波夫『聖書伝説と粘土板文明の成立』講談社、一九七〇
江上波夫ほか『発掘と解読』毎日新聞社、一九七七
岡田明子・小林登志子『古代メソポタミアの神々——世界最古の「王と神の饗宴」』集英社、二〇〇〇
クレーマー、S・N(久我行子訳)『シュメールの世界に生きて』岩波書店、一九八九

小林登志子『シュメル――人類最古の文明』中公新書、二〇〇五
小林登志子『五〇〇〇年前の日常――シュメル人たちの物語』新潮選書、二〇〇七
シュマント＝ベッセラ、デニス（小口好昭・中田一郎訳）『文字はこうして生まれた』岩波書店、二〇〇八
杉勇『楔形文字入門』中公新書、一九六八（講談社学術文庫、二〇〇六）
チャイルド、V・G（ねず まさし訳）『文明の起源』岩波新書、一九五一
チャイルド、V・G（今来陸郎・武藤潔訳）『歴史のあけぼの』岩波書店、一九五八
日本オリエント学会編『古代オリエント事典』岩波書店、二〇〇四
前川和也編『図説 メソポタミア文明』河出書房新社、二〇一一
前田徹『都市国家の誕生』（世界史リブレット1）山川出版社、一九九六
前田徹「メソポタミアの楔形文字」菊池徹夫編『文字の考古学一』同成社、二〇〇三
前田徹『メソポタミアの王・神・世界観――シュメール人の王権観』山川出版社、二〇〇三
前田徹『初期メソポタミア史の研究』早稲田大学出版部、二〇一七
前田徹・川崎康司・山田雅道・小野哲・山田重郎・鵜木元尋『歴史学の現在 古代オリエント』山川出版社、二〇〇〇
リオン、ブリジッド／ミシェル、セシル（中田一郎監修／渡井葉子訳）『楔形文字をよむ』山川出版社、二〇一二
ローフ、マイケル（松谷敏雄監訳）『古代メソポタミア』朝倉書店、一九九四

第二講　一九世紀的思潮とアッシリア学

アッシリア学の成立

楔形《くさびがた》文字の解読に成功したことで、粘土板文字資料をもとにした研究、アッシリア学 Assyriology が一九世紀に成立した。一九世紀は、近代的学問体系が整った時期である。産業革命、国民国家の成立、そうした新しい時代を支える新知識・新技術を生み出すとともに、研究者を再生産するための恒久的な制度、近代的な大学が各国で生まれた。研究教育に関しては、整然と分類された専門分野別の学科、さらに、研究の向上に寄与する学会と専門雑誌が必須の要件となっている。日本における歴史学を例にとれば、帝国大学の創設にともなって、ドイツからリースを招聘して学科（史学科）が設置され（明治二〇〈一八八七〉年）、史学会が誕生し（明治二二〈一八八九〉年）、同年、この学会を母体に『史学雑誌』が刊行された。ドイツの研究体制を模してのことである。

日本での古代メソポタミア研究は、歴史学、とりわけ西洋史の枠のなかでおこなうことが多いが、欧米では、そうなっていない。アッシリア学は、歴史学の一分野として成立したのではない。一九世紀に成立した近代的学問体系のなかに、アッシリア学はどのように位置づけられたのか。それが問題になる。まず歴史学からみれば、次のような理解がされていた。

近代歴史学の父ランケは、西洋のみが歴史学の対象になるとした。それは、進歩の過程である未開、野蛮、文明の三段階に対応して、文明化した西洋のみが歴史を刻むと捉えたからである。例えば、野蛮の段階で進歩を停止した「インドや中国の状態は（歴史ではなく）自然の歴史を体現している」として、自然民族は歴史をもつことがないと主張した。その研究は、歴史学でなく、東洋学（Oriental Studies）が担うことになった。さらに、アフリカや太平洋諸島の民族はいまだ進歩の端緒にも着かない未開段階とされ、人類学・民族学の研究対象になった。

一九世紀に新しく編成された学問体系のなかで、アッシリア学は、歴史学の一分野でなく、広い意味での東洋学に包摂された。さらに、聖書学との関係も問題になる。あるアッシリア学研究者が反省的に述べるように、楔形文字の解読と古代西アジアの研究が本格化した一九世紀は、近代歴史学の形成期であったが、アッシリア学が聖書研究を補助する学問として成立したことで、宗教的な観点からの文献学的研究が中心になり、近代歴史学の目的や方法が考慮されることはなかった。指摘されたようなある意味での歴史学への無関心は、歴史を研究する私からすれば、おおいに問題となる研究姿勢である。

アッシリア学は、成立当初から、聖書研究との関わりが重要な意味をもった。古代メソポタミアを研究する学問分野が、メソポタミア学でもバビロニア学でもなく、アッシリア学と命名されたのは、聖書にある記述を同時代史料から確認したいという欲求と、それに付随して実行されたアッシリアの古都の発掘、そこから出土した楔形文字粘土板が古代メソポタミアの研究を可能にしたからである。

ランケは、歴史学の対象に値するのは文明民族に限られるとして、野蛮や未開と区別した。一九世紀の民族・人種論は、文明に達しないのは形質的な人種という生得的な差と捉える。一九世紀に成立したアッシリア学は、聖書研究と民族・人種論の影響をこうむっており、それは二一世紀になった今日でも完全に払拭《ふっしょく》されたとはいいがたい。ここでは、アッシリア学と聖書との関係を大洪水説話に例をとって述べ、さらに、一九世紀的な民族・人種論についても言及したい。

聖書とアッシリア学

一九世紀に楔形文字の解読が成功し、出土資料の読解が進んでいたが、世間が熱狂して迎えるほどではなかった。その事態を一変させたのが、ジョージ・スミスのアッカド語版「大洪水説話」の発見であった。スミスは、一八七二年にロンドンの聖書考古学会で、アッシリアの都ニネヴェの遺跡から出土した粘土板文書のなかに、旧約聖書に書かれた大洪水と一致する物語を見つけたと発表した。この発表は、新聞が宣伝媒体となって、世論の注目をあびることになった。スミスが見つけた粘土板は、のちにギルガメシュ叙事詩の第一一書板であることが判明したが、この粘土板には欠けた部分があった。スミスに残余の粘土板を発掘する機会を与えるため、ロンドンの新聞『デイリー・テレグラフ』が資金提供を申し出た。聖書との関係でアッシリア学をみる、もしくは評価することが、大衆にも受け入れられたのである。

スミスによる「大洪水」の発見は一九世紀のことであるが、二〇世紀になっても大洪水説話は話題になった。シュメール都市の一つウルの遺跡で洪水層が確認された。ウル自体が聖書に載る「カルデアのウル」との関連性が認められており、その遺跡を発掘するウーリーが、聖書に描かれた大洪水は実際に起こったことであり、その年代も確定できると発表したことで、おおいに話題となった。同時期、別のイギリス隊が、シュメールの代表的な都市キシュの遺跡で四つの洪水層を発見していた。ウーリーは先を越されないために発表を急いだといわれている。このように、聖書の記述に関連できれば、話題性は十分にあった。

聖書に関係させて公表することは、第二次世界大戦後にもあった。一九七四年に、イタリア隊がシリア北部のエブラ遺跡から前三千年紀の楔形文字粘土板を発見したときである。エブラ文書に、イスラエルの神ヤハウェと聖書にあらわれる地名ソドムやゴモラを見出したと発表したのである。今、それは誤読とされているが、むしろ、ここで興味深いのは、新しい発掘結果を聖書との関連で検討するという傾向性である。発掘を聖書との関連で考えることはこれ以前にもあった。一九二五年から三一年にかけてアメリカ隊がおこなったヌジ遺跡の発掘は、聖書に載る族長時代を明らかにする研究が期待されたという。

一九世紀末のことであるが、アメリカのある大学でアッシリア学担当教授が、別の大学に移らざるをえなかった事例がある。それは、彼が楔形文字資料に加えた訳や解釈が、あまりに旧約聖書の理解と懸け離れており、神学部と対立したからだとされている。アッシリア学が、セム諸語研究科や聖書研究科から分離した経緯からか、聖書との関わりは、微妙なものを含みながら密接な関係を維持していた。

聖書との関わりのほかに、アッシリア学に影響を与えた一九世紀の思潮に、進歩思想がある。発展の思想は認めるべきだろうが、ヨーロッパにのみ発展過程を認める偏狭な思想には加担できない。さらに、文明化するかどうかは人種の差で決まるというような人種・民族論が風靡するのも一九世紀である。そこでは、反ユダヤ主義の問題も絡んでアッシリア学にも影響を与えた。その問題を、シュメール人非存在説を唱えたハレヴィと、反ユダヤ主義的傾向があらわれるデーリチの講演からみていきたい。

ハレヴィのシュメール人非存在説

一九世紀の人にとって、シュメール人の存在は、楔形文字解読によって明らかになった新知識である。それ以前では、聖書にも古典文献にもシュメール人の存在を示唆する記述がなく、未知の存在であった。シュメール人は、メソポタミア文明の成立と発展に大きく寄与したのであり、のちのアッシリアとバビロニアの宗教・文化の多くの部面にシュメールの影響が残されている。こうした共通認識が、新知見によって形成された。

この常識に異議を唱えたのがハレヴィである。彼は一八七四年から一九一七年の死にいたるまで約四〇年間、シュメール人は存在しないという説に固執した。ウェブスター人名辞典の現在の版では削除されているが、一九五三年版では次のように紹介している。

Joseph Halévy（一八二七〜一九一七）　東洋学者（Orientalist）、トルコのアドリアノープル生まれ、のちにフランスに帰化した。シュメール人は存在しないで、彼らのものとされる著作物は、バビロニアの神官が考案した秘密文書にすぎないという説を提唱した。

「東洋学者 Orientalist」は死語に近いが、ハレヴィをシュメール人非存在説の提唱者としてのみ紹介し、どのような分野の研究者であったかを記さない。人名事典であれば、エチオピアやイエメンのユダヤ人にかかわる写本の収集に多大な功績があったセム語学者であったことを最初に記すべきであろう。セム語学者として実績をあげたのちに非シュメール人説を唱えるハレヴィと、シュメール人の存在を明らかにしたオッペールとが、傘で殴り合ったという噂が語り継がれているという。なぜ、ハレヴィは、これほどまでにシュメール人非存在説に固執したのだろうか。

シュメール語については、当時、その膠着《こうちゃく》語的性格から、ウラル・アルタイ語族に属するとした考え方が示されていた。ハレヴィは、ウラル・アルタイ系の言語であるハンガリー語やフィンランド語に通じていたので、シュメール語を短絡的にそれらと結びつけることに反対した。

一八八九年にドイツの有力なアッシリア学者デーリチ（彼の講演についてはこのあとに述べることになる）は、アッシリア語文法を記した著書で、ハレヴィ説に与《くみ》することを宣言し、フランスの指導的なアッシリア学者であったチュー ロー・ダンジャンも、一九〇七年まで否定的な立場を表明することなく、沈黙を保ったとされる。そのように、アッシリア学界においてシュメール非存在説が有力になった。しかし、デーリチがハレヴィ説に反対の立場をとることを一八九七年に表明したように、シュメール人否定説は一過性でしかなかった。

一九世紀末から二〇世紀初頭にかけて、シュメールの都市遺跡から多数の同時代史料が出土し、シュメール人の存在が証明されても、ハレヴィは意見を変えなかった。シュメール語と呼ばれるものは、ある民族の言語などでなく、バビロニアの神官が精密につくりあげた神聖文字であることをいよいよ確信し、その説に固執しつづけた。

彼が長く非シュメール人説を唱えた理由を考えるとき、一八九〇年代を揺るがしたドレフュス事件に端的にあらわれる潮流、反ユダヤ主義がヨーロッパを厚く覆う時代になっていたことを考慮すべきだろう。ドイツにおける「アッシリア学の父」シュラーダーは、セム人の発展は、バビロニアのトゥラン(シュメール人)との接触によって文字や神話を伝授された結果であり、セム人は主体性をもたないと主張した。

ハレヴィは、反ユダヤ主義の風潮に対して、楔形文字がセム人の発明であることを確信し、それを広めることで、対抗しようとしたと考えられる。彼はまた、アーリア主義(ゲルマン民族至上主義)に対抗するために、印欧語族であるペルシア人の宗教、ゾロアスター教はセム人に起源があり、その聖典アヴェスターは旧約聖書の影響のもとにあったことを証明しようとした。ハレヴィが証明したいことは、セム語族の古さであり、文化を生み出した民族の優秀性である。その意味で、アーリア神話の裏返しにすぎない。

デーリチの講演

デーリチは二〇世紀初頭のドイツを代表するアッシリア学者である。彼は、ドイツ・オリエント協会で、一九〇二年から〇四年にかけて、物議をかもすことになった「バビロンと聖書(Babel und Bibel)」と題した三回の講演をおこなった。

彼が講演したドイツ・オリエント協会は、ドイツ皇帝ヴィルヘルム二世の肝煎りで、政治家・官僚・経済人・聖職者を有力メンバーにして、一八九八年に設立された。ヴィルヘルム二世は、イギリスやフラン

1890	ビスマルク下野，皇帝ヴィルヘルム２世親政
1898	ドイツ・オリエント協会創設　ドイツ皇帝トルコ訪問，バグダード鉄道敷設権獲得
1899	バビロン発掘
1902	バグダード鉄道バスラまでの延長敷設権の獲得 デーリチ「バビロンと聖書」講演
1903	バグダード鉄道の危機(英独の抗争) アッシュル発掘
1906	ボアズキョイ(ヒッタイト王国の首都ハットゥシャ)の発掘
1913	ウルクの発掘
1914	第一次世界大戦，トルコ，ドイツ側に立って参戦

表２　ドイツのメソポタミア関連年表

スと対抗するために、トルコを足がかりに西アジアへの進出に積極的であった。協会の創設は、新興ドイツの政治外交上の威信を発揚する意図があった。そうした政治的要請だけでなく、この皇帝は、退位を余儀なくされてオランダに亡命したときに、メソポタミアの王権についての小冊子を執筆するほどに、西アジアの歴史や考古学に興味をもっていた。個人的にも古代西アジア研究を積極的に支援し、協会を通じてバビロンの発掘責任者コルドヴェイやアッシュルの発掘責任者アンドレイなどを支援していた。政治的な事件と考古学的発掘を年表風にまとめれば、表2のようになる。

協会が創設された一八九八年にドイツ皇帝はトルコを訪問し、バグダード鉄道敷設権を獲得した。翌九九年からバビロンの発掘が始まり、デーリチが講演した一九〇二年には、ドイツはバグダード鉄道のバスラまでの延長敷設権を獲得した。翌一九〇三年にはアッシュルの発掘が着手されたが、この時期、英独のあいだでバグダード鉄道をめぐる争いが激化していた。アッシリア学研究は、ドイツの東方政策と強く結びついていた。

さて、ドイツ・オリエント協会でデーリチがおこなった講演の主題は、当初、アッシリア学が明らかにするメソポタミアの知識によって旧約聖書は理解されねばならないということであった。彼は、聖書をよりよく理解するためには、メソポタミアの発掘や楔形文字の解読で得られた知識が不可欠であり、さらに、メソポタミアがすでに高度な文明をもっていたのであるから、聖書はメソポタミア文明の影響を受けて成立したと述べ、聖書学とアッシリア学の地位の逆転を図った。至極真っ当な主張である。しかし、ドイツで確固たる地位を築き始めたヴェルハウゼンに代表される聖書批判学は、聖書の内的批判、テキスト批判が主流であったため、アッシリア学の成果に無関心であった。

二回目以降の講演では、過激さを増し、古代イスラエルに独自なものはなく、その一神教もメソポタミアからの移入であるとし、最後には、イエスはユダヤ人でないとまで言い切った。ここには反ユダヤ主義がある。

歴史家ドロイゼンは、古典ギリシアからキリスト教へと連なる過程のなかにヘレニズムをおき、ユダヤ教の影響を考慮しないですむ体系を構築した。デーリチが、旧約聖書がユダヤ人の創造でなく、すべてがバビロニアに起源すると捉える汎バビロニア主義を唱えたことには、同様に、ユダヤ的影響を極小に押さえる意図があった。彼は、また、アッシリア・バビロニア社会にすでにアーリア人がいたとして、人種論的アーリア主義に迎合した見解を述べ、そこからイエス非ユダヤ人説＝イエス・アーリア説を説いた。当然のことながら、彼の講演は回を追うごとに非難の的になった。

アッシリア学も時代の影響下にあり、二一世紀となった今日、一九世紀的偏向を是正することが求められている。民族・人種論の影響でいえば、一九一〇年に出版された最初の初期メソポタミア通史であるL・W・キングの『シュメールとアッカドの歴史』が、ある意味、典型である。この本の副題に"early race"とあるように、テッローで発掘されたラガシュの支配者グデアの石像などをもとに、形質人類学的な差異を論じるとともに、民族対立を強調するなど、シュメール人とアッカド人の人種的・言語的差異に多くのページを割いている。現在でも、こうした論述スタイルが払拭されているとはいいがたい。

新しい視点

私は、人種・民族的偏見はもちろん、メソポタミア史を語るときによく使われる「氏族社会」「神権政治」「(東洋的)専制君主(中央集権と一円支配)」も再考すべき概念であると考えている。詳しく述べることはできないが、それらに代えて、左記のような都市国家、世俗王権などを設定して考えることにしている。どのような言葉を使って歴史を読み解くか。それが、歴史研究にとっていかに重要であるかを知ってほしい。要望を述べたところで、今回の講義を終わりたい。

氏族社会 → 都市国家(地縁社会)
神権政治 → 世俗王権
中央集権 → 分権的な都市国家的伝統
一円支配 → 王の家政組織(公的経営体)
民族対立 → 中心と周辺(華《か》夷《い》の二分法)

参考文献

前田徹「アッシリア学と一九世紀ヨーロッパ」『西洋史論叢』二〇、一九九九、六九～八〇

Cooper, J. S., "Posing the Sumerian question: Race and scholarship in the early history of Assyriology," *Aura Orientalis* 9, 1991, 47–66.

King, L. W., *A History of Sumer and Akkad*, London, 1910.

Larsen, M. T., "The 'Babel/ Bible' Controversy and its aftermath," in Sasson, J. M. et al. (eds.), *Civilizations of the Ancient Near East*, New York, 1995.

Seri, A., "Local Power: Structure and Function of Community Institutions of Authority in the Old Babylonian Period," Ph.D. Dissertation (University of Michigan), University Microfilms International, 2003.

Webster's Biographical Dictionary, Springfield, 1953.

第三講　年表をつくる

年表

歴史学は、史料に依拠して過去の事象、人間の行為や社会の特質を調べ、記述する学問である。その最初に、対象を時間的変化のなかにおくこと、つまり、編年し、年表をつくることが必要になる。歴史研究の一分野である古代メソポタミア史研究も、同様である。

年表は事件と年代を羅列したものであり、暗記的歴史の無意味さの象徴かもしれない。しかし、編年することが、歴史学の基礎作業であり、また最終目標でもある。今回の講義では、古代メソポタミア史において年表がどのようにつくられるかをみていきたい。年表の一例として、古代メソポタミア史の概説書から、アッカド王朝成立からウル第三王朝成立までの部分の年表を抜き出す(表3)。

年表にあがる項目は、近代以降であれば、政治的な出来事のほかに、社会や文化や芸術など多岐にわたる。古い時代にさかのぼるほどに、記載は政治中心に傾き、項目の総数も減る。それは、同時代史料が圧倒的に不足し、多くの場合、利用できるのが王や政治にかかわる史料に限られるからである。最古ともい

前2370	この頃サルゴンがキシュより独立，アッカド王朝を創設。首都アガデの建設。この頃ウンマでは支配者ルガルザゲシ。ルガルザゲシはのちウルク王となり，シュメールを統一。この頃シリアのエブラ破壊
前2330	この頃アッカドのサルゴンがルガルザゲシを破り，シュメール・アッカドの統一完成
前2290	この頃アッカドのナラムシン王即位。王朝の支配地域最大に
前2230	この頃「だれが王であったか。だれが王でなかったか」といわれるほどの，メソポタミアの政治的混乱
前2120	この頃ウルクのウトゥヘガルがグティウムを駆逐。この頃グデアらのラガシュ(第二)王朝。
前2112	ウルナンムがウルで独立し，ウル第三王朝成立(～前2004)

表3　年表の一例(前川ほか 1998)

える前三千年紀メソポタミアを対象とした年表では、王の治績と王朝交代が項目の中心にならざるをえない。

年表の必須項目は出来事と年代である。表3に示した年表において「この頃」とあるのは、編年が確定していないため、概数でしか示せないからである。ウル第三王朝の成立年は、概数でなく、前二一一二年と表記されている。しかし、これも確証された年でなく、いくつかある説の一つである(三八頁表4参照)。年代決定はあとで述べるとして、出来事からみていきたい。

年表にあがる出来事は、同時代史料によって確認されることで、はじめて信頼性を得る。表3にあがるサルゴンがルガルザゲシを破ってシュメールとアッカドを統一したことは、サルゴンの碑文から知ることができる。アッカド王朝がナラムシンのとき最大版図になったことも、ナラムシンの碑文に載る軍事遠征の検討から導き出される。ラガシュの支配者グデアとウル第三王朝の創始者ウルナンムの治績は、王碑文によって明らかになる。

表3の年表に載る事項には、同時代史料から確認されないものも含まれる。その一つが、サルゴンが、キシュの王から独立し、首都

アガデ（アッカド）を建設したという治績である。サルゴンは実在したが、この治績は伝承史料によっており、史実と認めるには、明証性に欠ける。むしろ、ルガルザゲシを破る以前のサルゴンについては、参照すべき同時代史料がまったくなく、何もわかっていないというべきであろう。逆に、必要な「アッカド王朝滅亡」が立項されていないのは、年代を確定できる同時代史料が欠如するからである。

表3の年表では、考古学調査で知られるエブラの破壊を、サルゴン以前の事件として載せる。しかし、だれが破壊したかを限定しない書き方であるように、この時代でなく、ナラムシン治世以降の可能性もあり、これも確証されない事件となる。

このように、年表に書かれてあっても、同時代史料から確認されない事項は、再考の余地を残す。つまり、古代メソポタミアの年表作成にとって同時代史料である王碑文と行政経済文書が依拠すべき史料であり、それらを活用できるまで丁寧に読み込む必要がある。

王と王朝の相関表

年表の作成には、編年が不可欠である。メソポタミア前三千年紀の編年については、まず、各都市に成立した王朝と、そこに属する王相互の時間的順序を明確にする必要がある。これは相関表を作成する作業である。ついで、それらを現在に連なる一貫した年表とするために、西暦表示の年表が必要になる。つまり、編年の作業過程は、相関表の作成と西暦年表示の年表の作成の二つに分けることができる。

アッカド王朝とウル第三王朝は、どちらが先か、アッカドの王ナラムシンとラガシュの王グデアでは、どちらが先に在位したか。今日これらの前後関係は明白であり、それを質問すれば常識が疑われる。ある程度完成した年表を見せられれば、王や王朝の時間的関係を定める作業は終わっていると思えるかもしれない。しかし、四〇〇〇年以上も昔の古代メソポタミアでは、難しい問題が多く残されている。

表3の年表に例をとれば、前二一二〇年頃としてあがるウルクの王ウトゥヘガルと、ラガシュの王グデアの治世年が重なるのか、それともグデアは、ウトゥヘガルのあとに即位し、ウル第三王朝を創始したウルナンムと治世年が重なるのかが議論されている。私は、ウルナンムの治世とは重ならないと考えているが、決定的な証拠はなく、ウル第三王朝創設時期の相関表には未解決部分が多く残る。

諸王朝とそこに属する諸王の相関表を作成するとき、欠かせないのが、古代のメソポタミアで編纂された『シュメールの王名表』『バビロン第一王朝の王名表』『アッシリアの王名表』『バビロンとアッシリアの相対王名表』などの王名表である。それらは編纂史料であるにしても、史料不足の現状では基本史料となる。なかでも、前三千年紀のもっとも重要な史料になるのが、『シュメールの王名表』である。表3の年表にある前二二三〇年頃の混乱を示す「だれが王であったか。だれが王でなかったか」は、『シュメールの王名表』からの直接引用である。

『シュメールの王名表』が史料として有用なことは、アッカド王朝とウル第三王朝の王位継承の一事をとっても理解できる。この二王朝の即位順序は、王碑文や行政経済文書は多く残るとしても、そこに系譜を書くことがないので知ることができない。現在では、アッカド王朝の諸王を、初代サルゴンから、リムシュ、マニシュトゥシュ、ナラムシン、シャルカリシャリとおき、五代続くウル第三王朝の王を、ウルナンム、シュルギ、アマルシン、シュシン、イッビシンの順に並べる。これは、ともに、『シュメールの王名表』に依拠した復元である。王の即位順序だけでなく、王の統治年数や系譜も、『シュメールの王名表』が唯一の史料となることがある。アッカド王朝の諸王の治世年数がそうであり、ウル第三王朝の諸王についても、年名リストなどから治世年数を知ることができる場合もあるが、基本的には『シュメールの王名表』に記された年数が目安になる。

王の続柄も『シュメールの王名表』に頼ることが多い。アッカド王朝では、第二代リムシュと第三代マニシュトゥシュが初代サルゴンの子であり、兄弟とされること、第四代ナラムシンはマニシュトゥシュの子であること、ウル第三王朝の五代ではすべて父から子への継承という系譜になっていること、これらは、『シュメールの王名表』の記述のままである。

ただし、ウル第三王朝の系譜については、『シュメールの王名表』に載る父から子への継承という記事を信用しないで、アマルシンとシュシンは第二代シュルギの子であって、兄弟であるという説が提出されている。私は、根拠となる同時代史料を提示しえないままに、安易に『シュメールの王名表』の記述と異なる説を立てる必要はないと考えている。このように、今から四〇〇〇年以上前という太古の古代メソポタミア史を対象とするとき、王統や治世年数という基礎的なことが議論の的になるのが現状である。

王碑文や行政経済文書に記録されたとしても、王名表に記載のない王朝や王については、新たに相関表を確定する必要がある。それは難しい作業になる。例えば、ウル第三王朝時代直前のラガシュでは、グデアなど多くの王が碑文を残す。ラガシュは最有力都市国家の一つであるが、なぜか『シュメールの王名表』に記載がなく、同時代史料から即位順序を再構成するしかない。私は、従来想定されていた即位順序でなく、死者となった歴代のラガシュ王に捧げられた供物の記録を利用して、新しい即位順序と系譜を提唱したことがある。できたのはそこまでであり、いまも議論の多いラガシュの王と、隣接するウルクやウルの王、例えば、ウルクの王ウトゥヘガルやウルの王ウルナンムとの相関表はつくれなかった。

有用な『シュメールの王名表』であるが、当然、問題をかかえる。写本間に異同があったり、別の年代記とのあいだに食い違いがあったりするので、なおどこまで事実を確定できるかという史料批判の問題である。さらに、王名表を比較・照合して、積み重ね方式で相対年代を決めたとしても、その信頼性は担保されない。バビロン第一王朝ののちの前二千年紀後半、カッシト王朝時代、イシン第二王朝時代に王名表・年代記が欠落する期間があり、行政経済文書などからもそれを補うことができず、前一千年紀と前二千年紀全体の相対年代の決定に支障となっている。

年代の確定

王と王、王朝と王朝の相関表がつくれたとしても、それだけでは、年表は完成しない。現在にいたるまでの一貫した時間のなかにとどめるために、表3に引用した年表もそうしたように、西暦年で示す必要がある。

古代メソポタミアの場合、年代の決定の基準として、天文観察記録が使われる。天体の動きは規則的であるので、それが観測された王の治世年と観測地点が判明すれば、西暦年代に換算可能である。前一千年紀後半では、バビロニアの天文観測は精度を増しており、後二世紀アレクサンドリアで活躍したプトレマイオスはそれらを利用して、アッシリアのナブーナツィルの治世初年を算出し、ローマ時代にいたる年代を定めた。このように、前一千年紀の年代は、細部に問題があるにしても年表がつくれる。

それより古い前二千年紀の古バビロニア時代の年代については、バビロン第一王朝の王アンミツァドカ治世八年の「アンミツァドカの金星観察記録」が利用される。この文書は、新アッシリア時代の写本が残っているだけであるが、正確な写本とされている。現代の天文学による計算で、金星観測年であるアンミツァドカ八年を西暦に置き換えることができる。いくつかの可能性があり、そのうちの三つを選んで、高年代、中年代、低年代の年次方式と呼んでいる。近年、低年代を採用することが増えたにしても、中年代を採用するのが一般的である。年の表示は、アンミツァドカでなく、四代前に在位した有名なハンムラビの治世年によって示す方法がとられる。ハンムラビの治世を前一七九二年から前一七五〇年におくのが中年代である。

ハンムラビ治世よりさらに古い時代については、ハンムラビの在位年を基点として、それ以前のイシン・ラルサ王朝の時代、さらに、ウル第三王朝時代、初期王朝時代とさかのぼりながら、相対編年を積み上げて設定される。アンミツァドカの金星記録の信憑《しんぴょう》性をさしおいても、この方法では積上げに不確定さが紛れ込む。最初に示した表3の年表が、「この頃」と記すように、前三千年紀のアッカド王朝時代と初期王朝時代の年代は、未確定といってよい。正確な年代を表示した年表を完成させることは、至難の業である。

	フィッシャー Cassin 1965	ケンブリッジ Gadd 1971	ブリンクマン Brinkman 1977	私案
Uruk				
Lugalzagesi		2371 - 2347		2281 - 2257
Akkad				
Sargon	2340 - 2284	2371 - 2316	2334 - 2279	2036 - 2251
Rimush	2284 - 2275	2315 - 2307	2278 - 2270	2250 - 2242
Manishtusu	2275 - 2260	2306 - 2292	2269 - 2255	2241 - 2227
Naran-Sin	2260 - 2223	2291 - 2255	2254 - 2218	2226 - 2190
Sharkalisharri	2223 - 2198	2254 - 2230	2217 - 2193	2189 - 2165
anarchy	2198 - 2195	2229 - 2227	(2192 - 2190)	2164 - 2162
Dudu	2195 - 2174	2226 - 2206	2189 - 2169	2161 - 2141
Shu-Durul	2174 - 2159	2205 - 2191	2168 - 2154	2140 - 2126
Uruk				
Utu-hegal	2116 - 2110	2120 - 2114		2113 - 2107
	2159 - 2111=**48**	2191 - 2113=**78**	2154 - 2112=48	2126 - 2110=**16**
Ur III				
Ur-Nammu	2111 - 2094	2113 - 2096	2112 - 2095	2110 - 2093
Shulgi	2093 - 2046	2095 - 2048	2094 - 2047	2092 - 2045
Amar-Sin	2045 - 2037	2047 - 2039	2046 - 2038	2044 - 2036
Shu-Sin	2036 - 2028	2038 - 2030	2037 - 2029	2035 - 2027
Ibbi-Sin	2027 - 2003	2029 - 2006	2028 - 2004	2026 - 2003

表4　アッカド王朝とウル第三王朝の年代

よく使われる代表的な三つの年表を示したのが表4である。すべて、中年代を採用している。先に引用した表3の年表がサルゴンの即位を前二三七〇年(頃)とするのは、表4でGadd 1971として示した『ケンブリッジ古代史』によった年数であり、私案の前二三〇六年と比べれば六十数年の差がある。その差は、アッカド王朝滅亡からウル第三王朝成立までのあいだを、私案のように短く一六年とおくか、それより長くおくかに起因する。メソポタミア前三千年紀の編年はそうした誤差を許容しなければならないほど、未確定の部分が多いということである。私案の年代については、初期王朝時代の終りを示すルガルザゲシ治世の最後を、前二二五七年として、従来想定されている前二三四七年よりも、九〇年さげて設定した。これも議論があるところである。

前三千年紀の王名表

アッカド王朝時代に先立つ初期王朝時代の編年は、未確定である。頼りとする『シュメールの王名表』が、アッカド王朝よりあとの記述についてはある程度信頼できるにしても、それより古い初期王朝時代に該当する部分が、伝説の王エタナや英雄ギルガメシュを含み、史実性が疑われ、史料としての信頼性を欠くからである。信頼すべき編年をつくるためには、別の根拠、王碑文や行政経済文書などの同時代史料によって、実在が確認される王で年表を構成する必要がある。その作業を進めても、一つの限界に突き当たる。文字は前四千年紀末に発明されたが、編年に必須の王の治績を記した王碑文は、それに遅れること約六〇〇年、前二五〇〇年頃に、はじめてつくられた。つまり、前二五〇〇年以前に生きた王については、

時期	年代・時代	アッカド	キシュ	ウルク	ウル	ラガシュ	ウンマ
都市国家分立期	前2500 2410		メリシム		メスカラムドゥ	ルガルシャエングル	
2300	初期王朝時代			ルガルキギネドゥドゥ ルガルキサルシ	アカラムドゥ メスアンネパダ アアンネパダ	ウルナンシェ アクルガル エアンナトゥム エアンナトゥム1世 エンメテナ エアンナトゥム2世	パビルガルトゥク エアンカルレ ウルルンマ イル ギシュシャキドゥ
領域国家期	2260	(サルゴン)	エンビイシュタル	エンシュクシュアンナ ルアルザゲシ		エンエンタルジ エガルアンダ ウルカギナ	ルガルザゲシ
2230	アッカド王朝時代	サルゴン リムシュ マニシュトゥシュ					
統一国家形成期	2130	ナラムシン シャルカリシャリ 混乱期 ドゥドゥ シュトゥウル		ウルギギル		ウルバウ	
2100	2100			ウトゥヘガル		グデア	ナムマフニ
統一国家確立期 2000	ウル第三王朝時代 2000				ウルナンム シュルギ アマルシン シュシン イッビシン		

表5　前三千年紀の王

それを伝える史料が欠如し、編年ができない。表5に示した編年表の上限が前二五〇〇年になっているのは、そのためである。表5にあがるのは、王碑文や行政経済文書などの同時代史料から実在が確認される王である。ウルクの王ギルガメシュなどは、後世の英雄叙事詩などで有名であるにしても、実在が確認できないので、この表から省いた。

もう一つの問題は、年代である。初期王朝時代の王の治世年数はほとんどわかっておらず、年代の確定を困難にしている。そのことで、表5では、治世年でなく世代を基準に編年した。基準になるのが、ウルナンシェからウルカギナまでの六世代九人の王が途切れることなく確認されるラガシュの王統である(表6)。この六世代を、一世代二五年と計算すれば、一五〇年の期間になる。ウルカギナ末年を前二三六〇年頃とおけば、ウルナンシェの登位は一五〇年前の前二四一〇年頃になる。

ラガシュ以外の都市国家、ウンマやウルクなどの王については、ラガシュのエンメテナが、ウルクの王ルガルキギネドゥドゥやウンマの王イルと同時代人であることが王碑文から確認されるように、ラガシュ

	第1世代	第2世代	第3世代	第4世代	第5世代	第6世代
Gu-ni-du	[1]Ur-^{d}Nanše	[2]A-kur-gal	[3]É-an-na-túm [4]En-an-na-túm I	[5]En-mete-na	[6]En-an-na-túm II	
	○	○	○	Du-du anga	[7]En-èn-tar-zi	[8]Lugal-an-da [9]Uru-ka-gi-na

表6　ウルナンシェ朝の王統

の王との関係を基礎にして編年表に組み込んだ。私は、このような手続きで作成した編年表をもとに、初期王朝時代を考えている。

参考文献

前川和也ほか『世界の歴史1　人類の起原と古代オリエント』中央公論社、一九九八
前田徹「『シュメールの王名表』について」『オリエント』二五－二、一九八二、一〇六～一一七
Brinkman, J. A., "Mesopotamian chronology of the historical period", in L. Oppenheim, *Ancient Mesopotamia*, (revised by E. Reiner), Chicago, 1977, 335–348.
Cassin, E., et al. (eds.), *Die Altorientalischen Reiche* 1, (Fischer Weltgeschichte 2), Frankfurt am Main, 1965.
Gadd, C. J. "History in contemporary record and later tradition", in E. S. Edwards, et al. (eds.), *The Cambridge Ancient History*, 1/2, 3rd edition, London, 1971, 105–120.
Glassner, J.-J., *Mesopotamian Chronicles*, Leiden, 2005.
Lehmann, U., *^{d}Šára-ì-ša$_{6}$ und Ur-ba-gára. Untersuchungen zu den Verwaltungstexten der neusumerischen Lagaš II-Periode aus Ĝirsu*, (AOAT 430), Münster, 2016.
Maeda, T., "Two rulers by the name Ur-Ningirsu in pre-Ur III Lagash", *Acta Sumerologica* 10, 1988, 19–35.
Sallaberger, W. and Schrakamp, I. (eds.), *History and Philologiy, Associated Regional Chronologies for the Ancient Near East and the Eastern Mediterranean*, Turnhout, Bergium, 2015.

第四講　時代を区切る

時代区分

メソポタミア前三千年紀の編年・年表に続けて、今回は、年表で表示されることの一つ、時代区分を取り上げる。時代区分とは、戦後のある時期に大論争になったような歴史の本質とかかわることでなく、幾何の問題を解くときに引く補助線に喩えることができる。出題された図形に補助線を一本引くだけで、見えなかった図形の特徴が見えてくる。歴史における時代区分というのも、この補助線と同じで、時代の特徴を明らかにする区分線であり、政治史、社会史、文化史など視点や目的の違いによって、いくつもの区分線が引けるはずである。

メソポタミア史においてよく使われる区分は王朝交代である。前三千年紀に関しては、前回みたように、利用できるのが王碑文や『シュメールの王名表』など、王にかかわる史料に限られるので、最初にすべきこととして、王朝交代で区分し、編年することは必要な方策である。しかし、時代の特徴を捉え、時代差を明確にすべきとき、王朝交代では不十分なことが多く、別基準による区分も考えなければならない。表

7では、王朝交代を含め、異なる四つの時代区分を示した。それらの区分を説明するのが、今回の講義の目的になる。最初に王朝交代を取り上げる。

王朝交代

表7に示した時代に沿ってみていきたい。ウルク期に、はじめて都市国家が成立した。ウルク期と次のジェムデトナスル期は、標準遺跡ウルクとジェムデトナスルにちなんで命名されたように、考古学に拠った区分である。初期王朝時代は、その名称から王朝交代による区分にみえるが、これも考古遺物に依拠した区分である。初期王朝時代の後期、前二五〇〇年頃に王碑文がつくられるので、その時期から文字史料をもとにした研究が重要性を増す。続くアッカド王朝時代は、サルゴンが王朝を創設したことを区切りとするので、王朝交代による区分である。それに続くウル第三王朝時代も同様である。ここまでが前三千年紀である。前二千年紀になると、その前半期、古バビロニア時代は、王朝交代に従ってイシン・ラルサ王朝時代(古バビロニア時代前期)とバビロン第一王朝時代(古バビロニア時代後期)とに区分される。

前二千年紀後半には、カッシト王朝、イシン第二王朝がある。ともに、バビロンを都にした王朝である。前二千年紀末期から前一千年紀初めにかけては史料が乏しい暗黒時代である。前一千年紀になると、新アッシリア(アッシリア帝国)、新バビロニア(カルデア王国)、そしてアケメネス朝ペルシアが出現した。

概説書などで示されるのは、通常こうした王朝交代による区分である。しかしながら、王朝交代では、時代の相違や時代の特色がつかめないこともある。むしろ、誤った歴史像を描いてしまうことも生じる。

その例は、(c)の区分を述べるところであげることになる。表7に示した時代区分(a)〜(c)を、(a)から説明していく。

前期・後期メソポタミアの二区分

表7の(a)は、メソポタミア三〇〇〇年の歴史を、前一五〇〇年を境に前期と後期に大きく二分するものである。後期メソポタミア時代はカッシト王朝時代に始まる。前二千年紀後半の古代オリエント世界は、強大な王国、カッシト王朝のバビロニア、新王朝時代のエジプト、それにヒッタイト、ミタンニ、アッシリアが覇を競う時代となっていた。そのあとの前一千年紀に、帝国と呼びうる新アッシリアやアケメネス朝ペルシアが、エジプトを含む全オリエントを支配した。前期メソポタミア時代にはみられない強大な王

	王朝時代	時代区分(a)	時代区分(b)	時代区分(c)
前3500	ウルク期	前期メソポタミア		
3200			前4千年紀	都市国家分立期
3100	ジェムデト・ナスル期			
2900	初期王朝時代			
2500			前3千年紀後半	
2300				領域国家期
2260	アッカド王朝			
2100	ウル第三王朝			
2000	古バビロニア：イシン・ラルサ王朝／バビロン第一王朝；古アッシリア		前2千年紀前半	統一国家期
1800				
1500	中バビロニア：カッシト王朝／イシン第二王朝；中アッシリア；ミタンニ；ヒッタイト	後期メソポタミア	前2千年紀後半	
1100	暗黒時代		世紀末	
900	新アッシリア		前1千年紀	
600	新バビロニア			
500	アケメネス朝ペルシア			

表7　時代区分

国の出現が、後期メソポタミア時代の特徴である。

千年紀を基準にした区分

表7の(b)は、(a)をもう少し細かくして千年紀とその半期五〇〇年を基準にした区分である。この区分は、都市国家から帝国への発展が理解しやすく、しかも、都市国家から統一国家への展開(前三千年紀、前二千年紀前半)、北メソポタミアやアナトリアなどの、それぞれの地域における統一国家の成立と、同盟と敵対の関係(前二千年紀後半)、それらを統合する帝国の形成(前一千年紀)、こうした王権や国家の発展が理解しやすい。さらに、シュメール、アッカド、マルトゥ(アムル)や、地中海沿岸地域の諸民族の興亡など、歴史に登場する民族についても、時代背景のなかでうまく説明できる。千年紀を基準とした区分は、私も執筆に加わった研究入門書『歴史学の現在　古代オリエント』が採用している。各期の特徴の詳細については、それに任せ、ここでは省略する。

前三千年紀	都市国家から統一国家へ	初期王朝、アッカド王朝、ウル第三王朝
前二千年紀前半	群雄割拠から再統一へ	古バビロニア、古アッシリア
前二千年紀後半	多極化する世界	五大強国(中バビロニア、中アッシリア)
前一千年紀	帝国の時代	新アッシリア、新バビロニア、ペルシア

バビロニアとアッシリアを、それぞれ、古・中・新(バビロニア・アッシリア)に三分することがある。この三区分は、もともと、アッカド語の二大方言であるバビロニア語とアッシリア語の変化を捉えるためのの

区分として採用され、それが歴史区分に応用された。千年紀を基準にした区分も、ほぼ、古・中・新の三区分に対応する。

王号の変化に依拠した前三千年紀の時代区分

時代区分(b)は、三〇〇〇年の長さで王権や国家の発展を跡づけるが、この講義が対象にする前三千年紀に絞って王権や国家の発展を明確に表示する区分として、私は、王碑文などに頻出し、明証性に優れる王号の変化を基準に選び、時代区分(c)を設定した。王号の変化、時代区分の名称、支配領域の関係は表8のようになる。

前3200　2500　2300	2260　2230		2100　2000
ウルク期　J.N期　初期王朝時代	アッカド王朝時代		ウル第三王朝時代
（ルガル lugal, エン en, エンシ énsi）	「国土の王」「全土の王」	「四方世界の王」	
都市国家分立期（領邦都市国家）	領域国家期	統一国家形成期	統一国家確立期
都市支配	両川下流域（中心地域）の支配	中心地域と周辺地域すべての支配	
王碑文の創始	シャキナ（将軍）職の成立 年名の採用	王の神格化	王賛歌の編纂 法典の編纂

表8　王号の変化による区分

まず、それぞれの時代を区切る指標となった王号をみることにする。都市国家分立期では、いまだ都市を越える王権は成立しておらず、都市の王を示す王号が使用されていた。王号は、おのおのの都市の伝統に沿って、ルガル、エン、エンシと異なった。次の領域国家期は、都市国家を越える王号「国土の王」と「全土の王」が指標となり、王は、ユーフラテス川流域(中心文明地域)の支配を標榜した。統一国家期の指標となる王号は「四方世界の王」である。四方世界とは、東西南北の四至で捉えた地上世界のすべてである。王号の変化は、王が意識した支配領域が、時代をへるごとに拡大したことを的確に示す。区分された都市国家分立期、領域国家期、統一国家期の特徴を簡略にみていきたい。

⑴ 都市国家分立期

都市国家分立期は、ウルク期に成立した都市国家が併存する時代である。エジプトでは早くから全土を統一する王権が成立したのに対して、メソポタミアでは、都市国家分立期が、領域国家が成立する前二三〇〇年まで約九〇〇年間と長く続いたことに特徴がある。エジプトでクフ王などのために巨大な三大ピラミッドが造られていたとき、メソポタミアはいまだ都市国家分立期にあった。

都市国家分立期の末近く、前二五〇〇年頃には、近隣の都市国家を支配する強力な八つの領邦都市国家が成立していた(図3)。都市国家は、上昇して領邦都市国家になるものと、その支配下にとどまる中小の都市国家とに分解した。領邦都市国家の王がはじめて王碑文をつくり、神への奉納、軍事的勝利、神殿建立、運河開削などの治績を記すようになる。そうした内容の王碑文であるので、王権を考えるときの重要な史料になる。

⑵領域国家期

シュメール人とアッカド人が抱く地理観は、中心と周辺の華夷《かい》の二分法によっており、自らを文明の民と誇り、周辺に住む人々を、都市生活を知らない野蛮な民と蔑視した。中心文明地域である南のシュメール・アッカド地方に対して、東のエラム、西のマルトゥ、北のスバルトゥが野蛮な異民族が住む地域とされた(図4)。領域国家期とは、野蛮な周辺を除外した中心文明地域を一人の王が支配することを理念とす

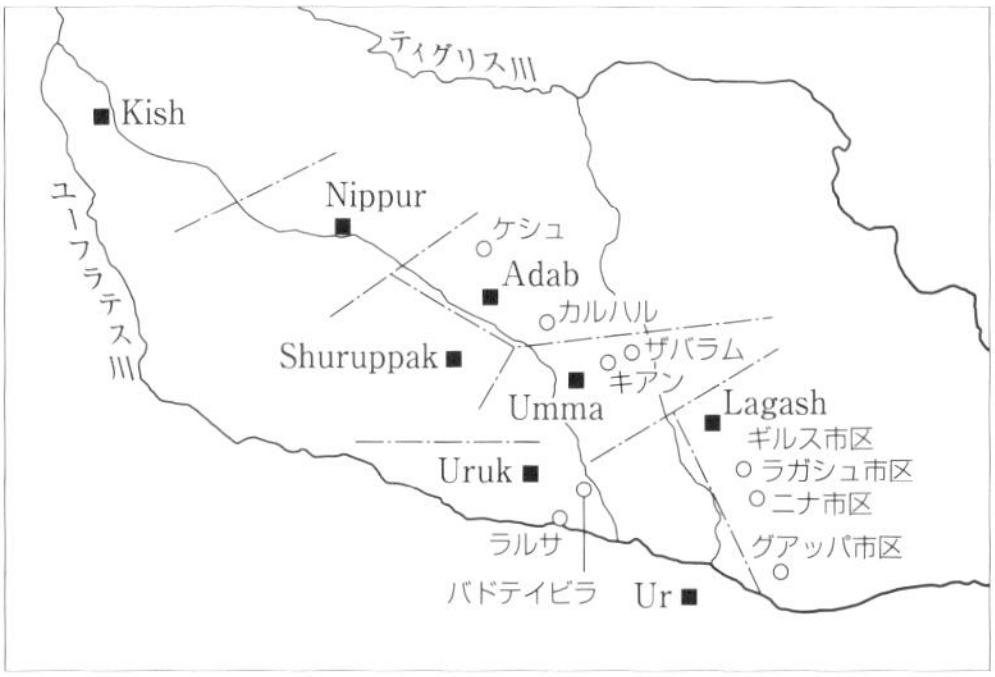

図3　領邦都市国家

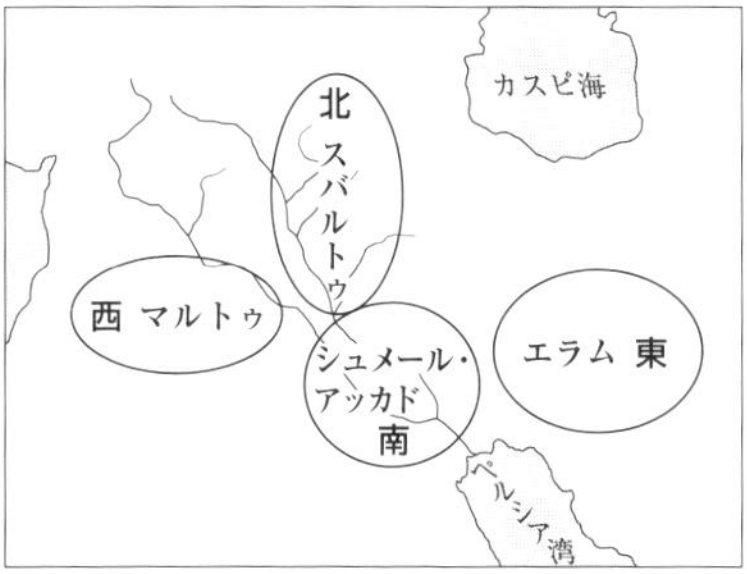

図4　中心と周辺(四至)

る時代である。領域国家期の王は、支配すべき中心文明地域の範囲を、下の海（ペルシア湾）から上の海（地中海）までの地域（ユーフラテス川流域）と表現した。

都市国家分立期にそれぞれの都市の伝統に則してルガル、エン、エンシが使用されていたが、領域国家期になると、王号に格差が生じ、シュメール全土を支配する王か、もしくはそのように自認する王がルガルを名乗り、従属する各都市の支配者の称号が画一的にエンシとされた。残るエンはもっぱら神官職を示すようになる。

都市国家分立期から領域国家期への移行は、王朝交代の区分と一致しないで、アッカド王朝時代の到来を待たず、初期王朝時代に起こった。つまり、王朝交代では、王権の発展にとって画期となる領域国家期の開始は見過されてしまう。無視されてきた王が、ウルクの王エンシャクシュアンナである。彼は、「国土の王」をはじめて名乗り、年名の創始者でもあるが、彼の偉業を特筆すべきと主張する研究者はいなかった。

エンシャクシュアンナが無視されたのは、ジェイコブセンが校訂した『シュメールの王名表』では、ルガルキギネドゥドゥの前におかれ、早い時期の王とされたことが第一の要因であろう。それだけでなく、アッカドのサルゴンの登位を画期とみるという、シュメール人の王朝からアッカド人の王朝への民族交代に関心が向いていたことも要因にあげられる。

現在でも、サルゴンの登場を画期とみることが多い。例えば、トロントで出版された代表的な王碑文集では、初期王朝時代を対象にした第一巻の表題が「先サルゴン時代 Presargonic Period」であり、アッカド王朝とそれに続く時代を集めた第二巻が「サルゴンの時代とグティの時代」となっている。サルゴンの登位を強調した命名である。サルゴンを画期とする立場であれば、それ以前の初期王朝時代における王権や国家の展開は視野に入ってこない。それが、王朝交代による時代区分の欠点である。

⑶統一国家形成期

次の統一国家期になると、王は、中心文明地域だけでなく、周辺地域を含む地上世界のすべての支配を標榜した。ここでも、王朝交代の区分線と一致しないで、領域国家期から統一国家期への変化は、アッカド王朝時代の半ば、第四代の王ナラムシンが「四方世界の王」を名乗ったときである。

従来の説では、時代の画期をサルゴンにおいていたが、それは、「最初の世界帝国建設者サルゴン」というう古バビロニア時代のイメージに引きずられたからであろう。同時代史料からは、サルゴンが「四方世界の王」を名乗ったことは確認できない。実像でないことは、サルゴンの軍事遠征と支配地をナラムシンのそれと比較することでも明らかになる。

サルゴンの孫ナラムシンは、自らが名乗る「四方世界の王」に恥じず、図5-2のように軍事遠征によって一挙に地中海岸まで領域を拡大した。それに対して、サルゴンは、支配領域の境としてマリとエラムをあげるのみである。サルゴンの遠征は、図5-1のように、シュメールの地とエラムに限定されており、ナラムシンとの差は歴然である。

シュメール民族を征服したセム族の王サルゴンという歴史像は、一九世紀的な民族対立をメソポタミア史に持ち込んで創り上げた虚像であり、史実ではない。シュメール人とアッカド人のあいだには、政治的統合をめざす主導権争いがあっても、民族対立に起因する紛争はない。彼らは、周辺地域と区別された中心文明地域にともに生きる者、それが史実である。前三千年紀後半の歴史を民族対立の視点から叙述する必要はない。王朝交代の区分に依存し、他を顧みないのであれば、一九世紀的な隘路《あいろ》を抜け出せない。王朝交代の限界を指摘できるのも、王号の変化による時代区分の優れた点である。

ナラムシンは「四方世界の王」を名乗り、広大な領域を支配した王であるが、もう一つ、伝統から逸脱

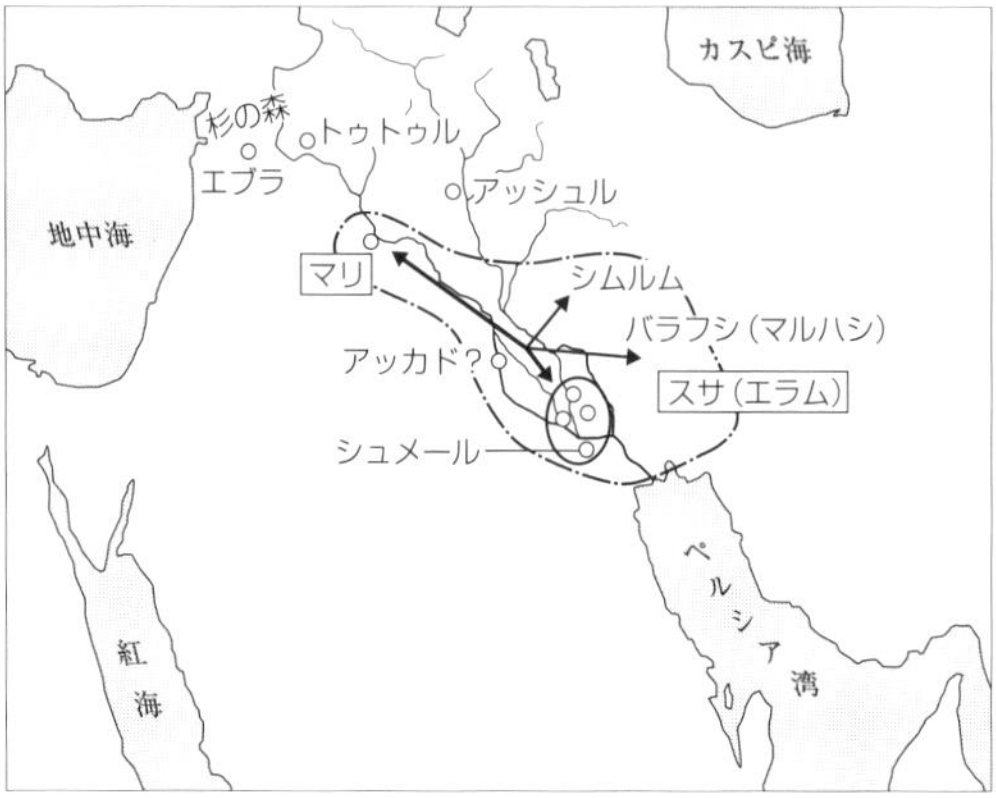

図5-1　サルゴンの遠征と支配領域

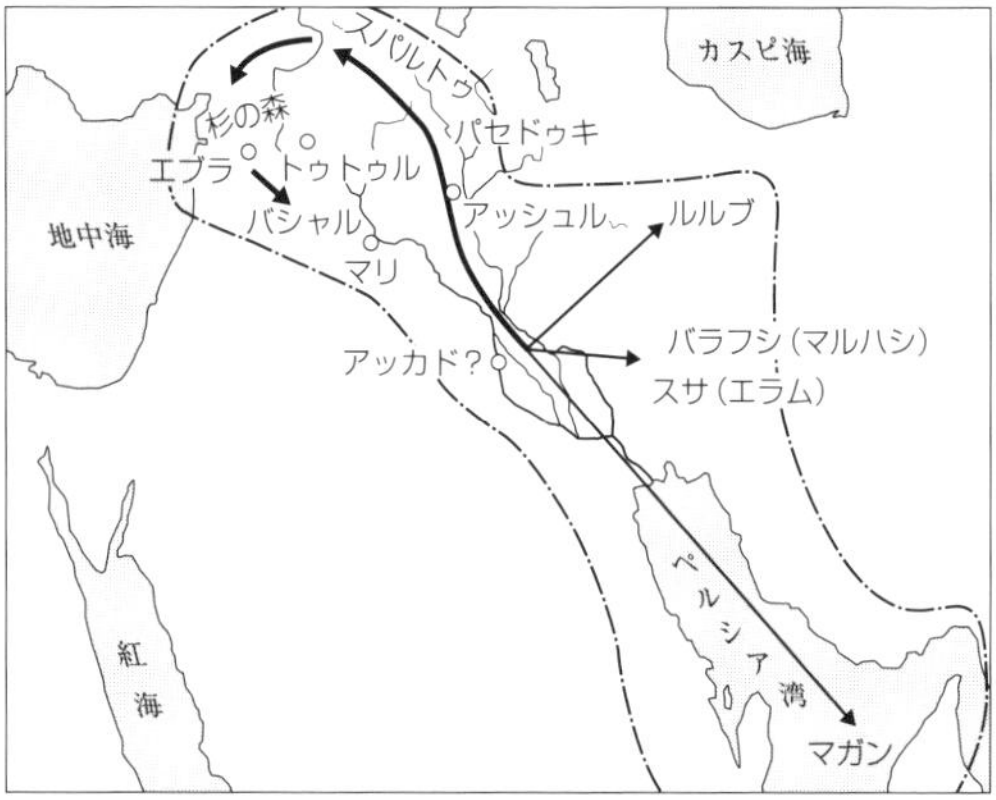

図5-2　ナラムシンの遠征と支配領域

して、王の神格化をメソポタミアではじめて宣言した革新的な王でもある。新時代を拓いたナラムシンであるが、彼が導入した王の神格化も、王号「四方世界の王」も、息子のシャルカリシャリをはじめ、以後のアッカドの王はだれも継承しなかった。「四方世界の王」の王号使用と王の神格化が恒常的になるのは、ウル第三王朝の第二代の王シュルギからである。中断期間があることで、統一国家期を二分し、統一国家期を形成期と確立期に分けた。

(4) 統一国家確立期(ウル第三王朝時代)

ウル第三王朝を創始したのはウルナンムであるが、第二代の王シュルギの治世が、より重要である。シュルギは、当初、父の王号「シュメールとアッカドの王」を継承したが、治世二〇年までに、ナラムシンが創始した「四方世界の王」を名乗るようになる。ナラムシンが始めた王の神格化を復活させたのも、シュルギである。支配領域も、図6のように、ナラムシンに匹敵するほどに拡大した。シュルギは、ナラムシンが創始した統一国家の理念を、一つの形につくりあげた王である。

シュルギのあとに、三人の王が続き、ウル第三王朝は滅亡する。そのあとに成立したイシン王朝、ラルサ王朝、それにハンムラビのバビロン第一王朝は、王朝の正統性をウル第三王朝に求めた。イシン王朝とラルサ王朝、それぞれの初期の王は、ウル第三王朝の後継者であることを自認し、「イシンの王」や「ラルサの王」を名乗らず、「ウルの王」を王号にした。さらに、ウル第三王朝時代にはじめて編纂された法典が、イシン王朝のリピトイシュタル法典、バビロン第一王朝のハンムラビ法典と継承されており、バビロン第一王朝にとっても、ウル第三王朝が一つの模範となった。表7において、統一国家期の下限を古バ

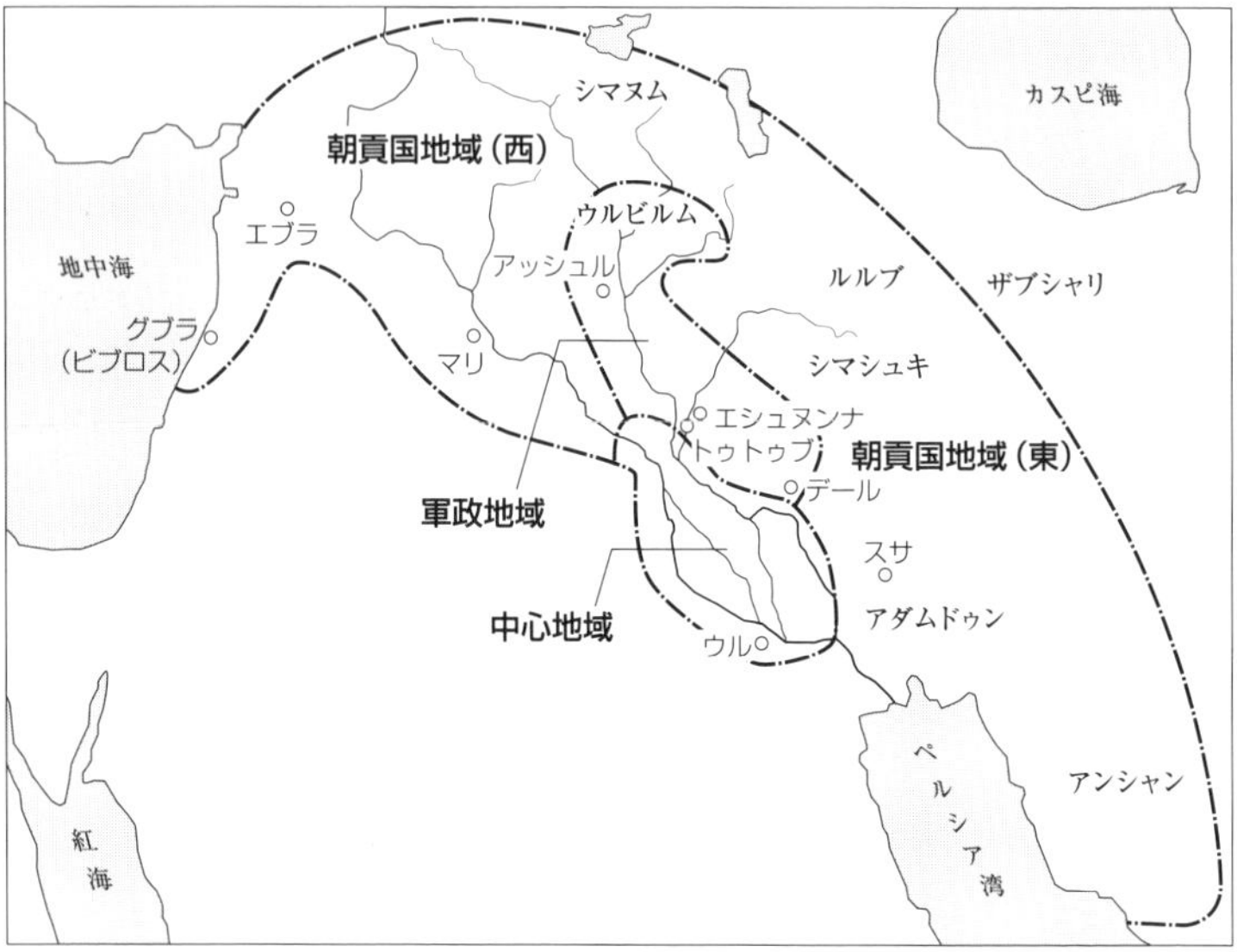

図6　シュルギの支配領域

ビロニア時代の終りとしたのは、この理由による。

ウル第三王朝は、概説書や教科書などで、中央集権国家であると書かれることが多い。事実として、ウルの王は、王碑文や王讃歌などで、地上世界の唯一の王にして神として崇《あが》められ、絶大な権力者と表現される。しかし、同時代の行政経済文書は、中央集権国家の指標となる支配領域の全域・全住民に対する支配、土地台帳を基礎にした地税と、戸籍をもとにして人頭税を課すという一円支配の証拠を示さない。ウル第三王朝時代になっても、中央集権体制が実現することはなかった。それは、領邦都市国家を服従させても、その独立自尊の都市国家的伝統を破壊することができず、直接的な支配ができなかったことに由来する。つまり、メソポタミアにおける統一王権は、分権的な領邦都市国家の存在を認めたことで、地上世界の唯一の王にして神という王権理念と支配の実態とが乖離《かいり》することになった。そこが前三千年紀メソポタミア史の特徴である。

参考文献

前田徹『都市国家の誕生』（世界史リブレット1）山川出版社、一九九六
前田徹『メソポタミアの王・神・世界観——シュメール人の王権観』山川出版社、二〇〇三
前田徹「シュメールにおける地域国家の成立」『早稲田大学大学院文学研究科紀要』五四‐四、二〇〇九、三九～五四
前田徹『初期メソポタミア史の研究』早稲田大学出版部、二〇一七
前田徹・川崎康司・山田雅道・小野哲・山田重郎・鵜木元尋『歴史学の現在　古代オリエント』山川出版社、二〇〇〇
ローフ、M（松谷俊雄監訳）『古代のメソポタミア』朝倉書店、一九九四
Michalowski, P., *Letters from Early Mesopotamia*, Atlanta, 1993.
Moran, W. L., *The Amarna Letters*, Baltimore, 1992.

第Ⅱ部　シュメールの王権

第五講　王の二大責務と王号

王号ルガルとエンシの格差

今回から、話題をシュメールの王権や社会に移す。最初に、王権を、王号から考えたい。繰り返しになるが、初期メソポタミアにおける王権理念は、三段階で推移した。すなわち、ウルク期に成立した王権が、都市国家のみを支配する都市国家分立期、中心文明地域の支配を標榜する領域国家期をへて、地上世界すべての支配をめざす統一国家期の三段階である。

王号も変化する。都市国家分立期には、都市国家それぞれが伝統に則して、例えば、ウルクではエン、ウルではルガル、ラガシュではエンシを王号として使用した。都市国家分立期のあとの領域国家期や統一国家期になると、都市国家を越えて全土を支配する唯一の王がルガルを名乗り、その支配下におかれた諸都市の支配者がエンシを名乗るようになる。王号に格差が生じたのであるが、なぜ、都市国家を越える王が、伝統としてあった王号、エンやエンシを選ばず、ルガルを名乗り、彼に服した都市支配者の称号が画一的にエンシとなったのか、その点を、王の権能の面から考えたい。

王の二大責務

古代メソポタミアの王権は、成立当初から、平安と豊饒《ほうじょう》を維持し(内政)、外敵と戦う(外征)二大責務を果たす存在と意識されていた。そのことは、王権が成立したウルク期の円筒印章に、神に供物を捧げる王、弓を持って先頭で戦う王、捕虜を謁見する王などの図柄が描かれていることから知られる。円筒印章以外にも、参照すべき作品がある。シュメール人が残した代表的な遺物の紹介をかねて、「ウルクの大杯」からみていきたい。

「ウルクの大杯」は、雪花石膏製であり、ウルク期のウルクから出土した。表面に施された浮彫りは三段に分かれる。最下段に豊かな麦の穂が、それに接した上部に羊や山羊が描かれる。シュメール社会を支える農耕と牧畜の豊饒性を表現するのだろう。少し間隔をあけた上の段では裸体の人々が供物を運ぶ。最上段が豊饒の儀式の場面である。右を向いて立つ王の姿は破損し失われているが、描かれていたことは確かである。王の奉納を受けるのが、ウルクの都市神であり、しかも戦闘と愛の神として人気のあった女神イナンナである。その後ろに二本描かれているアシ束の飾りがイナンナ神の象徴であり、イナンナ神を示す楔形《くさびがた》文字の原形である。このように、「ウルクの大杯」は、王の二大責務の一つ、内政的な平安と豊饒の維持を表現する。

「ウルクの大杯」と並ぶシュメールの代表的遺物が、ウルの王墓から出土した「ウルの章旗(スタンダード)」である。「ウルの章旗」の作製年代は、領邦都市国家が成立していた前二四〇〇年頃が考えられる。

王は両面に描かれているが、一方が戦勝の場面であり、下段で、敵兵らしき者を踏み潰しながら進む戦車を描き、中段は、槍を持つ兵士が上段へ連なる捕虜のあとを威嚇《いかく》しながら歩く図となっている。上段の中央では、王が右を向いて立ち捕虜を謁見する。王の背後には、王のための戦車も描かれている。二大責務の一つ、軍事指導者の側面を表現した場面である。

「ウルの章旗」のもう一方の面も、三段に分けて描かれる。下段と中段は平行しており、胸に両手をあわせ、衣服を整えた者たちが、貢納品であるロバ、穀物を入れた荷袋、羊、山羊、牛や、魚を人に運ばせる図になっている。上段は、手にビールの杯を持つ王と廷臣の宴の場面である。右端では宴を盛り立てるように、楽人が立ち、竪琴《たてごと》を奏で、歌い手が唱和する。この面は、戦勝の宴と解されることもあったが、そうでなく、収穫を祝う豊饒の宴の場である。「ウルの章旗」の二面は、王の二大責務に対応しており、一方で外征を、もう一方で内政にかかわる豊饒の維持を表現している。

図像表現ではないが、王の二大責務を表現したものとして、ラガシュの王ウルナンシェの功業を記した粘土板をあげることができる。ウルナンシェは、「ウルの章旗」がつくられたのとほぼ同時期のラガシュの王であり、ウルナンシェ朝と称される王朝を開き、ラガシュを有力な都市国家に押し上げた偉大な王である。その碑文は、片面で、神殿建立、神像製作、運河開削、城壁築造を網羅的に記す。つまり、内政にかかわって神に奉仕する王が表現される。神殿建立では、ラガシュの三大地区すべてにおいて、市区の主神、ギルス市区では都市神でもあるニンギルス神、ラガシュ市区ではガトゥムドゥグ神とニンギルス神、ニナ市区ではナンシェのために建てたことを誇る。

もう一方の面では、「ラガシュ〔人が〕、ウル人とウンマ人との戦いに出陣した」と書き出し、ウンマとウルク、それぞれに対する戦闘とその勝利を描く。「〔敵を〕武器で打ち倒した」という定型句で戦闘の勝利を表現し、捕虜とした敵の王や軍団長などの名、「死体の塚を築いた」ことなどを記す。

この粘土板の両面が、王の二大責務にかかわる内容になっているが、着目すべきは、この粘土板文書の特異な書き方である。シュメールの書記法では、粘土板の両面を使って書く場合、裏は表に対して上下を逆さにする。複数の欄に分けて書くときは、表側が左端を第一欄として書き始めるのに対して、裏面では、逆の右端を第一欄として、その左を第二欄として書き継ぐ。こうした通常の書記法に反して、この文書は、両面とも上下が同じであり、逆さにすることがない。しかも、両面ともに左端から書き始めている。規則に反する書法が採用されたのは、片面に書かれた神殿建立に象徴される内政と、もう一方の面にある外征が、都市支配者の二大責務を表現し、両者が等価であることを示すためと考えられる。

王の二大責務を表現する例は、都市国家分立期の「ウルの章旗」とウルナンシェの碑文にあるが、さらに時代がさがった統一国家期にも拾える。ウル第三王朝の王シュルギは、王讃歌で、(1)祭儀を司る者〔内政〕と(2)軍事指導者〔外征〕の役割を果たしうる王として、自らを次のように讃える。

(1)ニントゥ神が〔誕生のとき王として具わるべき〕すべてをお与えになった〔者である我、シュルギ〕、神々に奉仕する〔すべてを知る〕大いなる知者、神への祈願に〔ふさわしい〕言葉を与えられた者、**常に変わらぬ豊饒の年を与えられた者**、〔このような我にふさわしく〕、我が書記長官と――に、我が妹ゲシュティンアンナ神の言葉に従って、アダブ、ティギ、マルガトゥムをつくらせた。

⑵下の地方では武器〔をもって〕海を渡り、異国エラムでは城門に生える草のように根こぎにし、上の地方では穀物のように人々を積み上げる我〔シュルギ〕。**異国の端まで戦いに出向く我**、老いたロバ、軍旅に常に勤め、上の地方から旅する。遠征における——である我、〔このような我にふさわしく〕王権を讃えるシルギッダ、シュムンドゥ、クンガル、バルバルエを、彼らにつくらせた。

⑴と⑵、それぞれの最後にあがるアダブやバルバルエなどは、讃歌の形式といわれているが、具体的に何をさすかはわかっていない。ともあれ、⑴に「常に変わらぬ豊饒の年を与えられた者」とあること、⑵に「異国の端まで戦いに出向く我」とあることは、王の二大責務の観念が、シュルギの時代、つまり、統一国家期になっても、都市国家分立期と同様に意識されていたことを証明する。

私は、都市国家を越えた王がルガルを名乗り、その支配に服する都市国家の支配者がエンシを名乗るという使い分けは、王に課せられた二大責務、平安と豊饒を維持し〔内政〕、外敵と戦う〔外征〕という二つの責務が関連すると考えている。この問題に移る前に、都市国家分立期にあらわれる異なった王号ルガルとエンシが、等価と意識されていたことを述べておきたい。

ラガシュの王エンメテナは、ウルクの王ルガルキギネドゥドゥと同盟を結んだ。そのことを、「ラガシュの王〔エンシ〕エンメテナは、ウルクの王〔エンシ〕ルガルキニシェドゥドゥ〔ルガルキギネドゥドゥ〕と兄弟〔nam-šeš〕になった」のように表現した。ラガシュとウルクは、このときまで敵対し、争っていたが、エンメテナとルガルキギネドゥドゥとのあいだで協約がなり、一転して、「兄弟」、つまり、同盟もしくは友好関係を結ぶにいたった。エンメテナの碑文においてエンシと表現されるウルクの王ルガルキギンエドゥドゥであるが、自身の碑文でエンシを名乗ることはなく、ルガル、もしくはウルクの伝統的な王号エンを使っている。エンメテナが、協約を結ぶウルクの王を、エンやルガルでなく、エンシと表現するのは、自らの王号エンシに合わせるためであろう。あとの時代に格差が生じるルガルとエンシであるが、この時期では言い換えが可能な王号、つまり、都市国家の王として対等な王号であったことが理解される。

この時期のウルクの王の王号使用もみておきたい。エンメテナの死によってラガシュの勢力が後退した結果と考えられるが、ウルクの王ルガルキギネドゥドゥは、近隣の都市国家ウルの王となり、同君連合的に支配した。そのことを、「ウルクにおいてエン権(nam-en)を行使し、ウルにおいて王権(nam-lugal)を行使した」と表現する。エン権と王権の使い別けは、ウルクの伝統的王号がエンであり、ウルのそれがルガルであることを示している。ただし、ルガルキギネドゥドゥの子ルガルキサルシもウルを支配したが、彼は、「ウルクのエン」ではなく、ルガルを使い、「ウルクの王(ルガル)、ウルの王(ルガル)」と連称した。このように、ウルクの王たちも、伝統的なエンでなく、ルガルを名乗ることが多かった。

有力な都市国家キシュとウル、さらには、ウルクでも、エンでなく、ルガルを多用したことで、ルガルが王権を示す一般的な用語とみなされ、それが、領域国家期や統一国家期において唯一の王を示す王号に上昇したと捉えることができる。それとは別に、ルガルが選択された理由を、王の二大責務との関わりから捉えることもできる。そのことを次に述べたい。

ルガル――軍事指導者

同等であったルガルとエンシとのあいだに格差が生じたことを考えるとき、ラガシュのウルナンシェ朝における王号の使い方が注目される。初代ウルナンシェがルガルを名乗る以外、第二代から最後の第六代エンアンナトゥム二世まで、すべて、エンシを名乗っている。エアンナトゥム、エンアンナトゥム一世、エンメテナの三代も、当然に、王碑文では、称号をエンシで表示するのであるが、同じ碑文のなかで、神からラガシュの王権を授与されたと記すときは、エンシでなく、ルガル権〔nam-lugal〕と表記する。このルガル権が何を意味するかは、王権授与が彼らの王碑文において、どのようなコンテキストで書かれたかをみることで明らかになる。

これらの王が王権授与を王碑文に記すとき、つぎに示すように、例外なく異国制覇とイナンナ神・ルガルウルカル神に言及する記事が続く。イナンナ神は戦闘の女神であり、異国制覇を成功に導く神である。ルガルウルカル神については、「ルガルウルカル神、〔すなわち〕アマウシュムガルアンナ神のために」と書く碑文があり、同格とされたアマウシュムガルアンナ神はドゥムジ神の別名であるので、つまりは、イナンナ神の愛人として神話で語られるドゥムジ神のことである。このように、授与されたルガル権は、イナンナ神とその夫ドゥムジ神が保証する異国征服者たる王の軍事的能力をあらわすと捉えることができる。

エアンナトゥム碑文〔禿鷹碑文〕

〔ラガシュの都市神〕ニンギルス神は大いに喜び、ラガシュの王権〔nam-lugal〕を彼〔エアンナトゥム〕に与えた。〔破損〕。強壮な者、エアンナトゥムは「おお！異国よ」と叫んだ。エアンナトゥムのために、**イ**

ナンナ神が彼に命名した名、「イブガルの**イナンナ神**のエアンナ神殿にふさわしい者」が名として定められ、その名は天と地に〔破損〕

エンアンナトゥム一世碑文一

ルガルウルカル神がラガシュの王権(nam-lugal)を彼〔エンアンナトゥム〕に与え、諸国を彼の手におき、叛意をもつ地を彼の足下に〔破損〕したとき、そのとき、**イナンナ神**のためにイブガル神殿を建てた。〔破損〕。彼を愛する王**ルガルウルカル神**のためにウルカル市区の神殿を建てた。金と銀で飾り、供した。

エンアンナトゥム一世碑文二

ルガルウルカル神がエンアンナトゥムにラガシュの王権(nam-lugal)を与えたとき、そのときエンアンナトゥムは**イナンナ神**のためにイブガル神殿を建てた。〔そのイブガル神殿すなわち〕エアンナを諸国に抜きんでたものとなし、金と銀で飾り、供した。

エンメテナ碑文

ナンシェ神がラガシュの王権(nam-lugal)を彼〔エンメテナ〕に与え、ニンギルス神が名を選んだとき、そのとき、エンメテナは**ルガルウルカル神**のためにウルカル市のエガルを建てた。

要するに、ルガルには、一般的な意味での統治者、支配者のほかに、王の二大責務の一つ、軍事指導者に特化した用法があったということである。

ラガシュの王エアンナトゥムが、戦闘の勝利を謳い上げる禿鷹碑文においては、例外的にエンシでなく、ルガルを王号とすることも、王の軍事指導者の側面を強調するためであろう。禿鷹碑文の図像にある密集兵団を率いて先頭に立つ王と、戦車に乗って敵陣をめざす王の二カ所に、「ニンギルス神の異国征服者」というエアンナトゥムを形容する同一のキャプションが書き込まれている。ルガル権を与えられたエアンナトゥムがイナンナ神の加護のもとに、「異国征服者（戦闘の王）」として都市神ニンギルスのために活躍することを讃えた碑文だからこそ、エンシでなく、「ルガル」を王号として使用したと考えられる。

ルガルという王号が軍事指導者の側面を表現することは、初期王朝時代の碑文だけでなく、別の時代の史料からも確認される。その一つが、ウル第三王朝成立直前にラガシュの王グデアの円筒碑文Bである。ルガル職を神格化したルガル神について述べたところに、

市を造り上げ、居住地を据え、聖域の城壁を警護し、住まいを守るアガウシュである神、〔彼は〕白きレバノン杉でつくられた大きな頭をもつ槌矛《つちほこ》、神殿を巡回するもの、〔そは〕聖域の警護者たる**ルガル神**、彼は、主たるニンギルス神のためにその本来の努め（me）を果たすだろう。

とある。ルガル神は武器たる槌矛そのものであり、その職務は、都市神ニンギルスの神殿エニンヌが建つ聖域の警護者である。ルガルが示すのが軍事的能力であると捉えることができる。さらに時代がくだったアッカド王朝のナラムシンの碑文に、参照すべき呪詛《じゅそ》文がある。

強き者、アッカドの王、アバ神の将軍であるナラムシンの碑銘を壊し、この像から、強き者ナラムシンの名を壊し、「私の像である」と呼ばわり、他人に示して、「彼の名を消し去り、我が名を書き込め」と言う者を、イナンナ神、アンヌニトゥム神、アン神、エンリル神、アバ神、シン神、ウトゥ神、

ネルガル神、ウメス神、ニンカルアク神、それにすべての大いなる神々が悪しき言葉で呪いますように。エンリル神のための**王杖**（GIDRI *a-na* ^{d}en-lil）とイナンナ神のための**王権**（*šar-ru-tám a-na* ^{d}INANNA）を彼は持つことはできない。……

併記される王杖と王権であるが、ナラムシンが最高神エンリルのために持つ王杖とは、牧夫が羊の群れを導くように、人々を導く杖であり、地上世界の支配権を象徴する。それは、二大責務の一つ、内政の側面を表現する。

王杖と対比しておかれた「王権（アッカド語 *šarrūtu*）」は、シュメール語 nam-lugal に対応しており、それが戦闘の神イナンナ神との関わりで表現されているので、王権の二大責務のなかでも軍事に焦点をあてた表現と捉えることができる。先に示したシュルギ王讃歌にも（五八頁）、そこでは指摘しなかったが、「王権（nam-lugal）」の用例がある。このルガル権も、内政にかかわる箇所でなく、「異国の端まで戦いに出向く我」を讃える箇所にあり、「王権（nam-lugal）を讃える」歌をつくれとあるように、外征に関係する表現となっている。

このような例があることから、ルガルが、時代を超えて軍事権にかかわる称号としても認識されていたことは確かである。領域国家期と統一国家期の王が、「国土の王（ルガル）」と「四方世界の王（ルガル）」のように、エンシでなくルガルを王号として選んだのは、ルガルが、支配下諸都市に対する上級軍事権を掌握した王を表現できたことも、一因と考えられる。

エンシ――神に奉仕する王

ルガルに軍事権にかかわる用法があるとすれば、ルガルの下位におかれ、諸都市の支配者の称号となったエンシとは、王権の二大責務のもう一方、豊饒の維持などの都市の内政にかかわる意味が強いと捉えることができる。エンシが軍事権よりも内政における役割を表現することに関係するのが「大エンシ」という称号であろう。

ラガシュの王、エンアンナトゥム一世、エンメテナ、エンアンナトゥム二世は、「ラガシュのエンシ」を王号とするが、同時に「ニンギルス神の大エンシ」も名乗っている。それは、都市神ニンギルスに奉仕する王を表現するためである。

「国土の王」を名乗ったルガルザゲシも、類似した称号「エンリル神の大エンシ」を使った。ルガルザゲシは、エンリル神に王権授与を感謝して、碑文の末尾に、「ウルクの王、国土の王たるルガルザゲシは、彼の主人エンリル神のために、ニップルにおいて、朝な夕なに大いなる神饌《しんせん》を捧げ、甘き水を注ぐだろう」と記す。日々の糧を準備して神殿を保持することで最高神エンリルに奉仕する。この奉仕義務が大エンシの職務と捉えることができる。エンリル神を祭る大権がほかのだれでもなく「国土の王」だけに認められていることを「エンリル神の大エンシ」の称号に託して宣言したのである。

述べてきたように、ルガルとの対比でみた場合、エンシは都市神に奉仕する者の意味合いが強い。領域国家期になって、都市国家を越えた王権が成立すると、その支配下に入った諸都市の支配者が画一的にエンシを名乗ったのは、都市支配者の職務が神(都市神)に奉仕し、都市の豊饒と平安の維持にあることを明示するためと捉えることができる。

参考文献

前田徹「シュメール初期王朝時代末期におけるラガシュ市のエンシ権とルガル権」『オリエント』三四‐二、一九九二、九三〜一〇九
前田徹「シュメール人の思考の一断面」『早稲田大学大学院文学研究科紀要』四六‐四、二〇〇一、三〜一五

第六講　王の軍事権と祭儀権

軍事権

　王の二大責務が、王号ルガルとエンシの格差的な使い分けに作用した。そのことを前回述べたが、今回は、王が掌握した軍事権と祭儀権の行使をみたい。ただし、それらは多岐にわたる大きな問題であるので、ここでは、特徴的なことを指摘するにとどめる。

　最初に軍事権であるが、王が保持する軍事権は、時代によって変容する。最初の都市国家分立期では、都市国家は独立国であり、当然、都市国家の王が軍事権を握っていた。王は、戦場で軍を指揮して戦った。闘う王と聞けば、敵であるウンマの王を戦場で捕虜にしたラガシュの王ウルナンシェ、密集兵団を率いて先頭を行くエアンナトゥム、戦場から逃げる敵の王をウンマ市内まで追い、殺したエンメテナなどの王の名が思い浮かぶ。

　次の領域国家期になって、都市支配者は画一的にエンシを名乗ったとしても、都市国家分立期と同じく軍事権を有し、軍団を指揮した。しかし、それは、国土の王（ルガル）が掌握する上級軍事権に制約されていた。国土の王であるエンシャクシュアンナは、エンギ市において、領邦都市国家のエンシと会盟しており、領邦都市国家の兵士も同時に集められた。エンシャクシュアンナが諸都市に対する上級指揮権を行使してのことである。

領域国家期に、支配下諸都市の軍団を統轄する王の軍事権を補佐するために、シャギナ職が新設された。エラム地方をみれば、アッカドの王サルゴンが戦った二大勢力であるバラフシとエラムの王は、ルガルを名乗り、支配下の諸都市のエンシと区別されていた。メソポタミアと同等の区分である。同様に、シャギナも、バラフシの王とエラムの王のもとにおのおの一人が確認できる。彼らは、王の軍事補佐職を務めていたのである。

エラム地方では、アッカド王朝の支配権が弱まると在地勢力が独立し、「スサのエンシ、エラムの国のシャギナ」を名乗る王があらわれる。「スサのエンシ」は、王権を授けたエラムの最高神インシュシナク神の都市スサで奉仕することを、「エラムの国のシャギナ」は諸都市に対する軍事権を掌握したことを表現し、両者をあわせることで、エラム全土を支配する王が表現できた。エラム地方においては、シャギナが軍事権の統括者すなわち王に意味を変えて、使用されるのである。

メソポタミアに戻れば、シャギナ（軍事補佐職）も、その役割を変化させたが、エラムとは異なる変化である。統一を果たしたウル第三王朝では、もはや都市支配者（エンシ）に軍団指揮権はなく、王に直属する軍団のみが存在した。シャギナは、その軍団の長（将軍）を意味するようになり、一人でなく、多くのシャギナ（将軍）が存在するようになっていた。

もともと、シュメール都市国家時代の軍団は、戦時に戦闘集団になり、平時には灌漑《かんがい》労働などに従事する軍事・労働集団という特徴を有していた。それが、ウル第三王朝時代になって、機能が分解し、一方の軍事集団(軍団)をウルの王が掌握するなかで、都市支配者(エンシ)は軍事権を失い、灌漑などの夫役《ぶえき》に必要な労働集団だけを掌握した。そのこともあって、ウルの王が掌握する軍団は、シュメールの有力都市を基盤にすることなく成立していた。

軍団の長(将軍)には、シュメールの有力都市に対する兵士徴発権がなかった。ウンマの支配者が、兵士として軍団に徴発された者について、将軍に返還を要求した事例が記録されている。将軍の徴発は不法であるとして、都市支配者は返還を要求できたのである。

ウルの王は直属軍団の長に、異民族出身者などを就けた。第三代の王アマルシンが王の親衛隊である「アマルシンのガルドゥ」を組織したとき、征服したフフヌリの兵士を加えており、外国の兵士を取り込んだ軍団組織の強化が図られている。

次に軍事遠征をみたい。ウル第三王朝時代、将軍指揮の軍団が軍事遠征をおこなった。シュメールにおける年表記は、領域国家期以降、王の治世年数でなく、王の治績を顕彰する年名を使うようになる。例えば、シュルギ四六年は、「キマシュとフルティを征服した年」である。この年の行政経済文書に、「キマシュの支配者を捕らえたとき」に、エンリル神とニンリル神の神殿で催された王の宴の記録がある。敵の王を捕虜にするほどの大勝利であったことで、年名に採用されたのであろう。次の四七年も、新しい治績を選ぶことなく、前年の輝かしい治績を誇示して「キマシュを征服した次の年」となっている。

ただし、戦争の勝利が常に年名に採用されたのではない。アマルシン六年の年名「シャシュルムを二度目に征服した年」に対する一度目のシャシュルム征服が、二年前のアマルシン四年であったことは、「アマルシンがシャシュルムとシュルトフムを征服したとき」の戦勝の祝いがこの年の文書に記録されているので確かである。しかし、アマルシン四年の年名は「エンマフガルアンナがナンナ神の女神官に就いた年」であって、戦勝は年名に採用されなかった。王が負う内政と外征の二大責務からすれば、ウル第三王朝の年名は、シュルギ治世の後半を例外として、内政にかかわる神官任命や神殿建立などが優先された。

先にみたシュルギ四六年のキマシュ遠征は、敵の王を捕虜にするほどの大勝利であった。しかし、それによって、キマシュがウルの王に完全に屈服したことにならなかった。二年後のシュルギ四八年の年名は、「ハルシを征服した年」であるが、この年の年名は、ときにキマシュを加えて、「ハルシとキマシュを征服した年」と表記される。四八年になってもキマシュの平定は終わっていなかった。年名に採用された王の功業には、実際と評価に一致しないものもあったというべきかもしれない。

軍団は、章旗を先頭に遠征に出立した。シュシン三年のシマヌム遠征のとき、「軍旅に行く章旗」を聖別するための羊を献じた記録がある。章旗について、ウル第三王朝直前のラガシュの王であったグデアは、都市神ニンギルスの主神殿を建てたとき、ラガシュの三大神ニンギルス、ナンシェ、イナンナの名のもとに集められた隊が、良き名をもつ章旗を先頭にきたと記す。章旗名は、おのおの、「異国を震撼させる主」「白い鳥」「放射する日光の輝き」のような、神々を賞賛する名称になっている。

章旗といえば、ウルの王墓から出土した「ウルの章旗」が思い出される。しかし、ここにあげた軍団の章旗やグデアが記す章旗が、「ウルの章旗」のようなプラカード状であったかどうかは不明である。むしろ、そうでなく、金銀銅などの金属で造形したシンボルを、長い棒の先に据えたものと考えられる。

戦いにおいては戦利品を得た。ウル第三王朝時代の文書に記録される戦利品は、おもに家畜と奴隷であり、穀物などは記録されない。戦争捕虜をウンマの都市神シャラに奉納するために、王の酒杯人がウンマに出向いた記録がある。戦勝の報告を受けて、王は祝宴を開いた。例えば、アマルシン四年の「アマルシンがシャシュルムとシュルトフムを征服したとき」の戦勝を祝う王の宴は、七月に王都ウルで国家神ナンナ神のために、翌八月に、聖都ニップル(トゥンマル)で最高神エンリル神とその妻神ニンリルのために催されている。

次に、王の親征を問題にすれば、初期王朝時代やアッカド王朝時代に、王・都市支配者が軍を率いて出征したことは間違いない。しかし、ウル第三王朝時代に王が親征したかどうかは個別に検討すべきものである。シュルギ四四年のシャシュルム遠征や、シュシン三年のシマヌム遠征では、戦勝の「良き知らせ」を伝える騎乗伝令などに王が褒賞を与えた記録がある。こうした遠征では、王は、出征する軍団の章旗を聖別して送り出し、戦勝すれば、その報告を受けたのであり、親征ではない。王が、王都ウルや聖都ニップルで催した戦勝の宴は、多くの場合、戦利品を持って凱旋した軍団を迎えてのことであろう。シュシンは、治世三年のシマヌム遠征を誇る長文の王碑文を残し、王自らが出陣して闘ったごとく表現する。しかし、実際に軍を率いたかどうかは、別に検証しなければならない事柄である。

祭儀権

祭儀権は、軍事権とともに、王が有する大権である。祭儀権行使についても、軍事権と同様に、時代により変化した。都市国家分立期では、都市国家の王は、本来の責務として自らの都市の都市神を祭る権限を独占した。分立期の最後の時期、領邦都市国家間の覇権争いが激化するなかで、ニップルにおける最高神エンリルの祭儀権獲得が争いの的になった。ラガシュの王エンメテナは、エンリル神がラガシュの王権を授与したと記す碑文をニップルに残す。彼のあと、エンリル神への奉納碑文をニップルに残すのは、ルガルキギネドゥドゥ、その子ルガルキサルシ、そして最初の領域国家期の王となるエンシャクシュアンナ、さらに、彼を継ぐルガルザゲシであり、すべて、ウルクの王である(四〇頁表5参照)。つまり、ウルクの王がニップルへの進出に意欲を示し、成功裡に推移した。

ルガルキサルシ以降のウルクの王は、エンリル神(殿)の祭儀権だけでなく、都市国家ニップルを政治的に支配するようになり、エンシャクシュアンナとルガルザゲシは、「国土の王」としてニップルを支配し、行政経済文書に自らの年名を書かせた。注目すべきは、領域国家期と統一国家期の王が、最高神エンリルを祭る大権を有したことは当然にしても、それ以前の都市国家分立期の最後の段階で、すでに、領邦都市国家ニップルが争奪の対象になっていたことである。つまり、ニップルの特異な宗教都市的性格はこの時期に始まっていたとみることができる。

ウル第三王朝時代になると、最高神エンリルのための貢納と祭儀が国家的規模で制度化されていた。それとは別に、ウルの王は支配下諸都市のエンシから神殿建立の権限を奪った。例えば、ウンマのエンシは、神となった王のためにウンマ市内に神殿を建てているが、都市神シャラの神殿を建てる権限はウルの王に奪われていた。

支配下諸都市における神殿建立権を奪ったことで、ウル第三王朝の王は建立碑文を多く残す。話がそれるが、初代ウルナンムと第二代シュルギの王碑文から、彼らが都市神の神殿を建てた都市を拾い、地図上に落とすことで、ウル第三王朝の勢力拡大の流れを知ることができる。つまり、ウルナンムの神殿建立はシュメール諸都市に限られており、アッカド地方の支配はいまだ確定していなかったのに対して、第二代の王シュルギは、アッカド地方、さらにスサなどの遠隔地の都市にも神殿を建てた。ここから、シュルギは王朝の創始者ではないが、四方世界の王にふさわしい領域を支配しえた最初の王になったことが理解できる。

さて、祭儀大権を掌握したウルの王にも限界があった。シュメールの有力都市における神殿建立の権限を奪っても、都市神の祭りをエンシに代わって主宰することや、有力都市が保持する伝統的な祭儀体系を変更して、ウルの祭儀体系を強制することはできなかった。有力都市を直接統治できないこと、それが王権の一つの限界である。

私は、バル義務が、二つ目の限界とみている。バル義務とは、有力都市の支配者に課せられた月ごとの輪番によるエンリル神への奉仕義務である。義務といっても、ウルの王が祭儀大権の一部を譲ることで可能になる制度であるので、有力都市の特権といえる。都市支配者(エンシ)は、都市神の神殿建立権を王に譲る代わりに、独占的に最高神エンリルを祭る王の大権から、その一部を分与されたのであり、外見上、王は、単独でなく、有力都市と共同して最高神を祭ることになったと考えることができる。

祭儀権にかかわる王と都市支配者の微妙な関係は、実際の神殿造営作業からも知られる。王が神殿造営権を独占することになったとしても、実際に神殿を建てるとき、当該都市の支配者の協力なしには実施できなかった。例えば、シュシンが偉業として九年の年名に採ったウンマのシャラ神殿造営は、ウンマの行政経済文書から、ある程度作業過程を知ることができる。それによれば、ウルの王は、王直属の建築師集団を派遣してはいるが、作業全体を監察するためにウルから派遣されウンマに常駐する人物の存在は確認できない。シャラ神殿造営の人員や資材はウンマで準備されており、ウンマの支配者は、シャラ神殿造営の節目、基壇や定礎を据える祭儀に関する文書において捺印者や、物品の支出者となっており、神殿造営全般を監督する地位にあった。ウルの王が年名や王碑文で誇示する神殿建立も、支配下諸都市の多大な負担によってはじめて実行可能であり、完成させることができた。

神殿造営

ここからは、神殿造営の作業過程を、ウンマの行政経済文書から追ってみたい。建てられた神殿の大きさを明記するウンマ文書はない。ウンマに隣接するラガシュの王ウルバウの碑文によれば、都市神ニンギルスの神殿は、五メートルの高さの基壇に、一五メートルの高さに造られた。ウンマにおいても同様に、高い基壇を築いたはずである。

高い基壇を幾層にも重ねたのが、聖塔(ジッグラト)であり、ウル第三王朝の初代ウルナンムが最初に造ったとされている。ウルに築かれた聖塔は、現在復元されており、威容を知ることができる。聖書のバベルの塔の記述などから、聖塔は、神に近づくため、もしくは、洪水を逃れるために建てられたという説があるが、それは根拠のない憶説である。

ウルナンムがウルに建てたジッグラトが、「畏怖を高める鎮壇具の神殿 é-temen-ní-gùr」と命名されたように、鎮壇具〔定礎〕は特別な意味をもった。ラガシュの王グデアも、

その鎮壇具はアブズ〔に根を張り〕、大いなる帆柱のごとく地〔中から地上に向かって〕積み上げられた。〔鎮壇具は〕エンキ神に〔アブズにある〕エングル神殿で忠告を聴く。天〔に達する〕鎮壇具は英雄であり、神殿を保持する。

と記すように、鎮壇具は、神殿が地に根ざして天に達する壮大で神聖な建物であることを象徴した。神殿造営の作業は、基壇造り、鎮壇具埋蔵、神殿本体の造営の順で記録されており、鎮壇具〔定礎〕を置くことは、神殿建立作業のなかで一つの節目になっていた。

ウンマ文書に見つけることはできないが、着工に先立って、清めの儀式があった。ラガシュの支配者グデアは、ニンギルス神の主神殿エニンヌを建てるとき、町を浄めるために「悪魔付き、不能者を市外に追いやり」、死者の埋葬、訴訟と債務の取立てを禁止した。神殿が完成したときも、グデアは、「不平をなくし、つばを街路から除く」、「不浄者を市外に行かせ、悪しき言葉を発する舌を遠ざけ」て、竣工式をおこなった。

ウンマ文書に記録された王たる神アマルシンの神殿と、ウンマの都市神シャラの神殿の事例から、神殿

造営の具体的な作業過程をみていきたい。最初がアマルシン神殿である。

着工　基壇造り　鎮壇具埋蔵　神殿本体の造営　竣工
五年六月　六年六月　――　六年七月　七年七月

アマルシン神殿建設のもっとも早い記録が、基壇を造るための壁(擁壁)の完成を祝う記録、「アマルシン神殿の高められた(囲)壁のためのシスクル祭儀」(アマルシン五年六月)である。一年後に「アマルシン神殿の据えられた基壇(uš-ki-gá-ra)」の整備が終わった(六年六月)。続く七月には、神殿本体工事のための煉瓦積み(al-tar)があった。この間に鎮壇具埋蔵があったはずであるが、関係する文書はみつかっていない。

翌七年七月になると、「聖所に坐ったアマルシン神」への奉納があり、神殿が完成し、新しく建った神殿に入った神たる王を祭った。ウンマでは、神殿建立を祝って、この年から七月の月名を「アマルシンの祭りの月」に変更している。工事期間は二年から三年と考えられる。

次に、シュシン四年に竣工したシャラ神殿造営の作業過程をみることにする。

着工　基壇造り　鎮壇具埋蔵　神殿本体の造営　竣工
アマルシン八年三月　――　シュシン二年六月?　――　四年一月

アマルシン八年三月に神殿造営の開始を告げる「シャラ神のエマフの聖堂を建てるためのシスクル祭儀」があった。時を同じくして三月一五日から、「王宮からシャラ神殿を建てるためにきた建築師」の記録がある。三年後のシュシン二年になって、擁壁(ki-sá)建設の記録があり(五月二六日〜九月五日)、この間の六月に「シャラ神殿の基壇(uš)のためのシスクル祭儀」があった。鎮壇具が据えられたと考えられる。

起工から三年が経過したのは、王の死と新王の即位があったためであろう。現代とは異なり、鎮壇具（定礎）を置くことが、工事の終りを意味しない。六月以降も建築作業は継続した。

シュシン三年に二度おこなわれたシャラ神殿のシスクル祭儀のうち、五月のそれは、基台と基壇が完成し、その上に築かれる神殿本体の建設が進んでいることを最高神エンリル神に報告するためにニップルでおこなわれた祭儀であると考えられる。シュシン三年も末近く一一月におこなわれたシャラ神殿のシスクル祭儀は、翌四年に連続するシャラ神殿竣工祝いの一環としての祭儀と思われる。

シュシン三年一一月に竣工儀式との関連が推定されるシスクル祭儀がおこなわれたが、一二月に、大門（é ká-mah）に木材が運ばれている。神殿の門についてみれば、先に引用したグデアのエニンヌ神殿建立碑文では、建築作業の最後に造られた神殿の七つの門を、詳細に記述する。シャラ神殿も、神殿本体の仕上げとして、最後に主門が造られたと考えられる。アマルシン八年に始まったシャラ神殿の建設は、シュシン二年六月に鎮壇具が据えられ、神殿本体の建設をへて、シュシン三年一二月に最後の工事として正面の大門がエリン杉などで飾られ、年が明けた四年の正月を待って竣工の祝いがなされたのであろう。

参考文献
中原与茂九郎「UET II 371文書の解読とその解釈――軍事的集団労働組織・治水と王権の起源」『西南アジア研究』一四、一九六五、七七～九四
前田徹「ウル第三王朝成立直前におけるエラムの政治的統合」『オリエント』三六-一、一九九三、一二七～一三九

前田徹「シャギナ（将軍）職の成立――シュメール統一王権の確立に関連させて」『史観』一三〇、一九九四、六二〜七三
前田徹「ウル第三王朝時代ウンマ文書における王のサギ」『早稲田大学大学院文学研究科紀要』五一‐四、二〇〇五、三五〜四八
前田徹「ウル第三王朝時代ウンマにおけるシャラ神殿造営」『早稲田大学大学院文学研究科紀要』五三‐四、二〇〇八、三三〜四四
前田徹「ウル第三王朝時代の王の祭儀権とウンマの祭」『早稲田大学大学院文学研究科紀要』五七‐四、二〇一二、五〜一八
前田徹「ウル第三王朝時代ウンマにおけるアマルシン王の神殿」『早稲田大学大学院文学研究科紀要』六一‐四、二〇一六、五〜一七

第七講　王家の死者供養と姻戚関係

王の軍事権と祭儀権について述べたが、少し目先を変えて、それを可能にする王や王家・王朝の権威・権勢に関係して、二つのことを述べたい。一つは、王家の死者供養が、王家の権威・権勢の確認もしくは誇示であること。二つ目は、妃《きさき》を出した家と王家の関係。これは、都市のなかでの王家を筆頭とする有力家族間の姻戚関係の問題にもなるが、それを、初期王朝時代ラガシュの王妃の家産組織に付属する lu-su-a とくくられた集団を手がかりに考えたい。

死者供養

早速、王家の死者供養・祖先崇拝から始めたい。初期王朝時代のラガシュでは、三つの家系が順次王位を継承した(四一頁表6参照)。最初がウルナンシェを開祖とする六代続いた王朝、次にエンエンタルジとルガルアンダの親子二代、最後がウルカギナである。そのなかで、祖先供養は、ルガルアンダとウルカギナ両治世の行政経済文書から知られる。

ルガルアンダ治世の文書から知られることは、死者となった父エンエンタルジとともに、サンガ職のドゥドゥとグニドゥに供物を捧げたことである。サンガ職のドゥドゥは、すでに、エンエンタルジ治世に、王の個人神メスアンドゥと並んで月ごとの定期奉納を受けており、崇拝されていた。このドゥドゥと同一人物と目されるのがエンメテナ治世にニンギルス神のサンガ職にあったドゥドゥである。彼は、エンメテナの王碑文において、「そのとき、ニンギルス神のサンガはドゥドゥであった」と存在を誇示し、エンメテナの王碑文のなかで、

そのとき、彼(エンメテナ)の奴僕《ぬぼく》、ニンギルス神のサンガであるドゥドゥが、グエディンナのダサル運河に壁を造り、「エディンに目を向ける家」と命名した、ギルス市区の港湾壁を造り、「生命を育む主」と命名した。

と、自らの業績を王の治績に並べて記すほどに権勢を誇った。王になる前のエンエンタルジは、ドゥドゥの職を継承してニンギルス神のサンガであった。ルガルアンダは、父エンエンタルジとともに、彼の祖父であるドゥドゥを権勢ある家の基礎を築いた者として供養したのである。

ドゥドゥと並んで供養されるもう一人のグニドゥは、ウルナンシェ王家の開祖ウルナンシェが碑文に父としてあげるグニドゥと同一人物と考えられる。グニドゥを供養することで、ドゥドゥ－エンエンタルジ－ルガルアンダと続く家系は、さかのぼればウルナンシェの父グニドゥにいきつき、ウルナンシェ王家の傍系であることを示しえた。王家としての権威と名門家系という由緒の正しさを示すこと、そこに死者供養をおこなうことの意味があった。

開祖を強く意識することは、エンエンタルジ王家の前に支配したウルナンシェ王朝にもみられる。例えば、第三代のエアンナトゥムの王碑文に、「ラガシュの王アクルガルの子。彼の祖父(pa-bil-ga)はラガシュの王ウルナンシェ」とあり、ウルナンシェの曾孫となるエンメテナも「ラガシュの王エンアンナトゥム一世の子、ラガシュの王ウルナンシェの子孫(dumu-KA)」と、開祖ウルナンシェにいきつく系譜を誇示している。

次にウルカギナが残した祖先供養の記録であるが、由緒を誇る先の二王家とは異なるところがある。ウルカギナが供養するのは五人であり、そのうち四人が女性である。そのなかにウルカギナの母と姉妹が含まれることは確認できるが、ほかの二人の女性は不詳である。供養される者のなかで唯一の男性がウルウトゥである。このウルウトゥについては、王の母の前に書かれていることと、別の供養文書に、「王の母」と並んで「王の父」が記される例があるので、王(ウルカギナ)の父がウルウトゥと考えられる。つまり、ウルカギナが供養するとき、家系をたどることなく、父ウルウトゥだけを祭った。ウルカギナは王位簒奪《さんだつ》者であり、誇りうる開祖を誇示できないところが、先の王たちと異なる。

ウルウトゥに供物を捧げるとき、「彼の妻と子らとともに」と注記する場合がある。供養文書で、「彼の妻と子らとともに」と注記されるのは、ほかに、エンエンタルジの父であるサンガ職のドゥドゥである。ドゥドゥは、王家の開祖であるので、「彼の妻と子らとともに」と記されるウルウトゥも、同様に王家の開祖と位置づけられての供養であったと考えられる。この注記の意味を考えるとき参考になるのが、ウル第三王朝の開祖ウルナンムの死を悼む歌である。そこでは、死したウルナンムは、もはや、ウルの町のために何もできないと嘆き、そのあとに、妻や子と楽しい時を過ごせなくなったと、家族に言及している。「彼の妻と子らとともに」とは、開かれた王統の存続と安寧を願うものであろう。

ウルカギナは、父以外に、誇れる祖先をあげることはできなかった。そのためか、彼の個人神ニンシュブルだけでなく、ウルナンシェ朝の王が個人神としたシュルウトゥラ神をも、自らの個人神として王碑文で誇示することがあった。ウルナンシェ朝の王に代わることができる王を喧伝するためであろう。

ウルカギナがおこなった死者供養で異例なのは、自らの家にかかわる死者を供養する前に、先立つ二つの王家にかかわる死者を供養することである。エンエンタルジ王家のエンエンタルジ、サンガ職のドゥドゥ、グニドゥと、ウルナンシェ王家にかかわる八人一組の女性のグループ、それとは別にエンエンタルジ王家にかかわる五人一組の女性たちを祭っていた。この供養は、ラガシュの支配権を簒奪したウルカギナが、それを糊塗するように、先の二王家を無視することなく崇敬している姿勢を示すためかもしれない。

みてきたように、三王家の諸王は、家の格によって多少の差はあっても、鼻祖《びそ》や開祖とみなしうる祖先への供養を毎年実施していた。それは、王の権威が王家の存続という形で現在に継承されており、将来へとつなげるには祖先の加護が不可欠であったと意識されていたからと思われる。このことを別の事例、王女の誕生祝いからみてみたい。

王女の誕生祝い

ルガルアンダ治世四年に妃バラナムタルラとのあいだに生まれた王女ムヌスシャガのために、その年の最後の月、「バウ神の祭りの月」に、誕生祝いがあった。祝いの流れを示せば次のようになる。王が「妃の家」にきて、祝宴を主宰することから始まる。このとき、供せられた羊を受領するのが、妃の執事と、王女ゲメナンシェに仕える酒杯人であるので、この祝宴が、王・王妃・王女という家族の宴であったことは確かである。家族の宴に続くのが、死者たるルガルアンダの父エンエンタルジと祖父ドゥドゥへの犠牲奉納である。王家の死者供養は、「新月前の月がまったく見えない日の太陽神 ^{d}utu u$_4$ ná-a-ka」に関連しておこなわれた。この注記に関してはあとで述べる。このあと、場所を妃の家から都市神ニンギルスの主神殿エニンヌに移し、ニンギルス神と妻神バウに加えて子神とされる二神に羊を捧げた。それに続くのが、「ギルガメシュの岸にあるメクラブタ」に行っての冥界神への奉納である。こうした天と地の神々への奉納のあと、最後に、場所を王の居所(王宮)に移しての祝宴があった。

ここに示した王女誕生の祝いは、王の家族、夫妻と子が中心であり、奉納の対象は都市神ニンギルスなどの神々と冥界の神々である。それに合わせて、死者となった王家の祖先にも奉納し、祈願する。王女誕生は王家の継続に吉兆であり、家が永らえることと、王女の健やかな成長にとって、王家の祖先への供養が重要と意識されていたのである。

王女誕生の祝いについて、別の事柄に触れたい。王女の誕生を祝った「バウ神の祭りの月」には、毎年、月名通りのバウ神の祭りがおこなわれており、そこでも、王女誕生の祝いと同じに王家の祖先への供養、ラガシュの都市神と冥界神への奉納が、同じ式次第で実施されていた。王家の安寧を願うことがバウ神の祭りの目的になっていたのであろう。祖先祭儀は、王女誕生の祝いでも、バウ神の祭りでも、「新月前の月がまったく見えない日の太陽神」にかかわっておこなわれている。ルガルアンダ四年のバウ神の祭の記録が残っていないのは偶然でなく、この年は、別々におこなわれることなく、王女誕生の祝いが、バウ神祭の式次第に従っておこなわれたと考えられる。

王家の姻戚関係

権勢を維持し存続することを願う王家は、祖先祭儀をおこなうなどしたが、権勢の保持に関しては、それとは別に、現実の政治の場面で、都市国家内部の諸勢力とどのような関係を結んだかという問題が設定できる。解決が困難な問題設定であるが、試みる価値はある。

前提となる初期王朝時代ラガシュにおける勢力図を知るためには、王妃によるラガシュの有力者の妻へのミルクと麦芽授与を記録する文書が、役立つ史料となる。幸い、ルガルアンダとウルカギナ両治世の記録が残されており、両治世での変化を知ることができる。

ルガルアンダ治世におけるミルクと麦芽を授与される有力者の妻たちの席順(序列)は、一位がナンシェ神のサンガの妻、第二位がニンマルキ神のサンガの妻である。この序列は、ウルカギナ治世になっても変化がない。一方、王位を奪ったウルカギナの妃シャシャは、パシルラ市区のサンガの家の出であり、そのことで、パシルラ市区のサンガの妻の序列が、ルガルアンダ治世の二二位から一挙に四位まであがった。

一位のナンシェ神のサンガの妻の席順に変更がないのは、ナンシェ神がニンギルス神に次ぐ大神であることによるのであろう。ナンシェ神は、ニナ市区の主神であり、都市神ニンギルスの妹神とされ、ニンギルス神と並ぶラガシュの二大神である。二位のニンマルキ神は、グアッバ市区の主神であるので、ラガシュの主要な神であるが、ニンギルス神とナンシェ神に次ぐ、高い位置にあったとはいいきれない。むしろ、ニンマルキ神が主神であるグアッバ市区がエラムとの関係で重要な位置にあることから、支配者が、グアッバ市区を管轄するサンガを重要視したためと考えられる。王家との結びつきが、都市勢力図における地位保全の要因と考えられるので、そのことを別の角度から述べたい。

ナンシェ神のサンガの姻戚関係を知る文書がある。穀粉支給の記録において、バウ神の女神官(nin-dingir)としての王妃バラナムタルラと彼女の母をあげたあとに、バラギシュガルアドゥという名の女性が、ナンシェ神のサンガの母として支給を受ける。こうした並び順であるので、バラギシュガルアドゥは、バラナムタルラの母の世代であり、母の姉妹と考えられる。ただし、この文書では、バラギシュガルアドゥのあとに、王ルガルアンダの姉妹たちへの支給が記録されているので、その順序に従えば、王の母の姉妹の可能性もある。どちらをとるか断定できないが、前者の可能性が高いと思われ、ルガルアンダ治世では、ナンシェ神のサンガの家は、王妃を出した家と密接につながっていたと考えられる。

序列二位のニンマルキ神のサンガについては、ルガルアンダの妃バラナムタルラの兄弟の一人アアグリグジが就任していた時期がある。アアグリグジは、妃の家政組織に付属したルスア(lú-su-a「家族」)と呼ばれるグループに属しているので、先に述べたい。

ルガルアンダ治世、バラナムタルラの「妃の家」に付属したルスアの構成員は、妃の母、妃の兄弟三人、妃の姉妹二人、計六人であった。ルスアに属した妃の母と兄弟姉妹は、クルの名目で耕地を受領しており、その面積は、兄弟姉妹がおのおの一ブル、母が、その倍の二ブルであった。一般の所属員に与えられたクル地が最大で六イク(三分の一ブル)であるので、比較的広い耕地を受領したことになる。妃の母と兄弟姉妹は、妃の父の家(実家)が拠点となるはずが、「(妃の)家族 lú-su-a」として妃の家政組織の構成員となり、王の経営体から耕地を給付されていた。こうしたことから、妃の実家は、妃の家政組織(「妃の家」)を介して、王家と強く結びついていたと捉えることができる。

妃の兄弟アアグリグジは、ニンマルキ神のサンガであった。アアグリグジをサンガと明記しないが、「エラムのミシメ市に行くアアグリグジ」に旅行用のビールを支給する記録がある。サンガ職の任務であるエラムとの軍事・外交を担って、ミシメまで出向いたのだろう。

ニンマルキ神のサンガが、その職として対エラム関係を処理していたことは、エンエンタルジがいまだ王でなくニンギルス神のサンガであったときに受け取った、ニンマルキ神のサンガからの手紙からも知られる。そこには、エラムがグアッバ市区に侵入したことや、そのエラムを追撃していることが書かれていた。

アアグリグジがニンマルキ神のサンガであることは、ルガルアンダ治世三年から知られる。それ以前にニンマルキ神のサンガであったのは、ルガルアンダの姉妹ニンウマを妻としたグビなる人物であった。ウルナンシェ王家の最後の王エンアンナトゥム二世のあと、傍系のエンエンタルジが王となった。エンエンタルジは、ラガシュ国内の勢力図を再編するために、娘であり、ルガルアンダの姉妹であるニンウマを、ニンマルキ神のサンガの子グビに嫁がせ、連携を図ったのであろう。ルガルアンダ治世になって、そのグビに代わって、王妃バラナムタルラの兄弟がニンマルキ神のサンガ職に就いたことは、王家と妃を出した家との力関係が微妙に変化したと考えられる。

このような姻戚関係からみて、ナンシェ神とニンマルキ神のサンガの家が、高い地位を保持できたのは、王家や王妃を出した家との結びつきが強かったことを、一つの要因としてあげることができる。ラガシュにおける勢力関係は、女性が重要な役割を果たす仕組になっていたのである。

王家にかかわる女性の供養

ウルカギナがおこなった、ウルナンシェ王家とエンエンタルジ王家にかかわる死者の供養に戻って、女性に注目してみていきたい。これからの話は、おもしろい課題であるとしても、いまだまとまった結果を提示できないことを、最初に断っておきたい。

ウルカギナ王家の供養される者は、ウルカギナの父ウルウトゥを除く四人が、王の母や王の姉妹などの女性であった。エンエンタルジ王家の死者供養でも、ドゥドゥ、エンエンタルジ、ルガルアンダという家長の系譜のほかに、五人の女性を一群として祭ることが、ルガルアンダ六年に始まり、ウルカギナ治世になっても踏襲されている。そこで祭られた五人の女性が、エンエンタルジ王家の王と、どのようにかかわるかはわかっていない。ウルナンシェ王家にかかわっては、一グループ八人が供養されたが、そこに男性はいない。すべて女性である。八人のなかで、a-šurmin は、綴りが異なるが、第六代の王エンアンナトゥム一世の碑文で確認できる妃の a-šu-me-erin と同一人物と考えられる。もう一人ニンヒリスは、行政経済文書に、ニンヒリスの像がエンメテナの像と並んで記録されているので、第五代の王エンメテナの妃と捉えることが可能である。残る六人の系譜は不明である。

問題は、王家の祖先供養において、なぜ女性の一群が、まとまって供養の対象になっているかである。明確な解答は得られないが、それを考えるための一助として、他家から嫁いできた王妃が王家においてどのように処遇されたかをみたい。

現在では、王と王妃を、夫婦一組として祭るのが常識であろうが、死者となった妃が王とともに供養されることは、初期王朝時代だけでなく、グデア時代やウル第三王朝時代でもほとんど例がない。ニンヒリスの像がエンメテナの像と並んで安置されていたのは例外となろうが、バラナムタルラも例外となる。ルガルアンダの妃であるバラナムタルラは、夫であるルガルアンダから王位を奪ったウルカギナのルガル二年に死亡し、ウルカギナの妃シャシャが葬送の儀式を執りおこなった。次の年、ウルカギナ三年から、ルガルアンダと並んで死者供養を受けるようになる。設定すべき問題は、王位を奪ったウルカギナが、例外的に前王ルガルアンダの妃を王とともになぜ祭ったかであるが、これも、解答は得られない。

エンエンタルジの妃ディムトゥルが死亡した時期は不明である。子のルガルアンダ治世では、死者供養の文書に記録されないで、ウルカギナ治世になって登場するようになる。しかし、夫であるエンエンタルジと並ぶことはない。ウルカギナ治世一年と二年では、エンエンタルジ王家にかかわる四人の女性のグループのあとにおかれ、治世三年からは、エンエンタルジ王家でなく、ウルナンシェ王家にかかわる八人の女性のグループの末尾におかれるようになる。夫である王とも、夫の家系であるエンエンタルジ王家との関係をも無視した置き方である。ウルカギナがディムトゥルをこのように置き換えた理由は不明である。

一つ考えられるのは、ウルカギナ三年から、ルガルアンダの妃バラナムタルラが死者供養に組み込まれたことで、一世代前となるエンエンタルジの妃ディムトゥルを外し、別においたということである。ディムトゥルがウルナンシェ王家にかかわる女性のグループのなかに移されたのは、ディムトゥルを出した(実)家がウルナンシェ王家となんらかの関係を有することで、そのグループに加えられたという想定も可能である。そうであれば、妃は、子の代では王家の一員として供養されるが、孫の世代では、外されたということになる。王の場合、王統をたどって開祖までを祭ったこととは、まったく異なる女性の祭り方であったといえる。

王家にかかわる女性としては、王家に生まれ、他家に嫁いだ王女と、その逆の他家から王や王子に嫁いできた女性に分類できる。女性をグループに分けて供養するウルカギナ治世の祖先供養を考えるとき、この分類を加味しなければならないのであろうが、それをどのように考えるべきか。難しい問題である。

ディムトゥルをエンエンタルジ王家からウルナンシェ王家に置き換えたことに連動するように、エンエンタルジ王家の鼻祖グニドゥの位置付けが変わる。ドゥドゥ、エンエンタルジ、ルガルアンダとともに祭るのでなく、別のグループであるエンエンタルジ王家にかかわる四人の女性のグループの最初におくようになる。この変化も、ウルナンシェ王家の八人のグループと同様に、解答が得られない事例である。

今回の講義で述べたことは、史料を読むとき、政治・社会に果たす女性の役割、女性の位置付けも重要な視点になるという指摘であり、結論はない。問題提起にとどまる。こうした問題を深く研究する人があられることを期待したい。

参考文献

前田徹『メソポタミアの王・神・世界観――シュメール人の王権観』山川出版社、二〇〇三

第八講　王妃シャシャ

王妃と女王

今回と次回も、女性、とくに、王妃の権能について述べる。英語のqueenは、王の妃《きさき》とともに、女性の王を意味するが、シュメール語のninは王の妃の意味で使われた。前三千年紀や前二千年紀のメソポタミアにおいて王は男性のみであり、女王が存在しなかったからである。ただし、伝説ではこの限りではない。『シュメールの王名表』には、キシュの女王クバウがあがる。この女王は、「王（lugal）として一〇〇年統治した」とあるように、女王でなく王と表記されている。しかも、この女王を、その功業を讃えて「キシュ市の基台を固めし者」と形容するほかに、「クルンナ（居酒屋）の女人（女主人）」と書かれているのは、伝説上の人物であることをうかがわせる。ともかくも、この女王の実在を証明する同時代史料はない。

時代がくだった前一千年紀には、セミラミス伝説が流布していた。伝説上のセミラミスは、エジプトのハトシェプスト女王のように、アッシリアにおいて男性を押しのけて王になり国政を総攬した女王である。セミラミスの原型は、前八世紀末のアッシリア王シャムシアダド五世の妃シャムラマトとされている。この王妃は子のアダドニラリ三世が未成年のままに王となったので、摂政として実権を握っていた。王になったとも考えられている。ただし、セミラミス伝説が実際のシャムラマトの史実にどれほど依拠したかは不明である。

セミラミス伝説を最初に記したのはペルシアの宮廷に仕えたギリシア人医師クテシアスが著した『ペルシア誌』であり、以後、前三世紀のビザンティウムのフィロンや前一世紀のディオドロスらをとおして、ギリシア・ローマ世界に広く伝えられた、その一方で、メソポタミアにおいてその影は薄い。セミラミスに言及したフィロンとほぼ同時代のバビロンの神官ベロッソスが記した『バビロニア誌』にはまったく言及がない。アッシリアとバビロニアとの相違を考慮すれば、ベロッソスが描くのは、バビロンの歴史であり、アッシリアのセミラミスに言及しなかったという説明も成り立つ。しかし、メソポタミア側にはセミラミスの伝承がなく、ギリシア系の人々のあいだで形成された伝説であったと捉えることができる。

前三千年紀のシュメールに戻れば、王妃とは、あくまでも王の配偶者である。王になれないメソポタミアの王妃を考えるとき、王に対する王妃という身分と、男女の性差からみた女性、この二面からみることが必要になる。

性差の問題に関係して、クレーマーは、おもしろい傾向、本来女性であった神が男性神に変わったことを指摘している。その証拠として、男性の王や主人を示すシュメール語ルガル(lugal)やエン(en)に対して、女性の女王・女主を示すニンを名に含む神は本来女性神であったはずが、男性神の扱いを受けるようになったことをあげる。名にニンを含む神、例えば、ニンギルス(nin-gír-su)神「ギルス市の女主」、ニヌルタ

(nin-urta)神「大地の女主」、ニンギシュジダ(nin-giš-zi-da)神「良き樹木の女主」、ニンアズ(nin-a-zu)神「治癒者たる女主」は、男性神とされるが、本来女性神であったと捉えるのである。

クレーマーが指摘するようなシュメールにおいて女性神から男性神への変化は事実と認められる。男性神重視の動きは、シュメールにおける宗教観の変化に連動するのであろう。クレーマーとともにシュメール学を牽引したジェイコブセンは、シュメールの宗教観の変化を千年単位で区切り、前四千年紀では「飢餓の恐怖」を克服することが中心であり、豊饒《ほうじょう》を女性神に祈った。次の前三千年紀は「戦争とその惨害の恐怖」の時代であり、男性原理的な政治・軍事を志向する時代になったと捉えた。ジェイコブセンに従えば、前三千年紀になって、男性神の崇拝が顕著になったのであり、こうした変化と連動する動きと捉えてよさそうである。

今回の主題、初期王朝時代のラガシュの王妃シャシャを取り上げる前に、王妃の称号について述べておきたい。シュメール語では、王に対する王妃は、通常ninである。ウルの王墓から出土した王妃プアビの円筒印章には「プアビ、王妃(nin)」とある。プアビは夫である王の名を記さない。王の妻でなく、王妃という存在を誇示した円筒印章銘である。

ただし、初期王朝時代の行政経済文書でninを使うことはあまりない。例えばラガシュの王碑文や行政経済文書では、エンシもしくはルガルを名乗る王に対して、その妃は、「(エンシ某/ルガル某の)妻dam(-énsi/ lugal)」と書くことが常態であった。damは配偶者をさす一般名称である。同盟関係にあった隣国アダブの王妃との贈答でも、両者ともに「エンシの妻dam-énsi」を名乗っている。例外的に、遠く、現在のバーレーンにあったディルムンの王妃からラガシュの王妃への贈物の記録では「ディルムンの国の妃(nin)が、ラガシュの妃(nin)に贈り物をした」とあるように、ニンが使われている。むしろ、なぜニンと呼び合ったかが問題になるが、その理由は不明である。

次回にウル第三王朝第三代の王アマルシンの妃アビシムティを取り上げるが、ウル第三王朝時代になると、王の妃は複数いた。アビシムティはニンを称したが、その他の夫人はルクル(lukur)を名乗った。ウル第三王朝の支配下にあったウンマでは都市神シャラに仕える女性をルクルと称するように、ルクルは、本来神に仕える女神官の名称であった。神に仕える女性を示すルクルが王の夫人の意味に転化したのは、ウル第三王朝第二代の王シュルギから王の神格化が恒常化して、王は神として認められたからであろう。逆に、自らを神格化しなかった初代ウルナンムの夫人に、ルクルで呼ばれる者はいない。

王妃シャシャ

さて、初期王朝時代ラガシュの王妃シャシャであるが、シャシャの夫ウルカギナは、前王ルガルアンダから王位を簒奪《さんだつ》した。シャシャは、パシルラ市区のサンガを出す家の出である。ラガシュの有力者の妻にミルクと麦芽を給付する儀式において、パシルラ市区のサンガの妻が、二二位から一挙に四位まで順位を上げたことは、前回述べたとおりである。順位を上げたのは、ほかに、スッカルマフの妻(一一位から三位)、妃の家政組織の長(ヌバンダ)の妻(給付なしから九位)、妃に所属する商人長の妻(二五位から一〇位)などである。スッカルマフは王となったウルカギナに従って軍事や行政の責任を負う。王になったウルカギナとの結びつきで上昇したのであろう。それ以外の、パシルラ市区のサンガの妻、妃の家政組織のヌバンダの妻、妃に所属する商人団長の妻などは、妃との強い結びつきから地位を上昇させることができたと考えられる。

ウルカギナの妻シャシャを例にとり、王妃独自の権能が何であったかをみたい。それを考えるとき、ウルカギナが王位を奪った年とその翌年、すなわち、ウルカギナのエンシ一年とルガル一年の二年間のラガシュ文書が注目される。エンシの一年とルガルの一年があることに説明が必要かもしれない。ウルカギナは、前王ルガルアンダ治世の最後の年七年の二月に王位を奪い、残りの年末までをウルカギナのエンシ一年とし、翌年の正月にエンシに替えて王(ルガル)を名乗るようになった。つまり、エンシ一年に続けては、エンシ二年でなく、ルガル一年とし、以後、ルガル二年、ルガル三年と数えた。

王位を奪った年のエンシ一年と、翌年ルガル一年の二年に限って、ウルカギナは妃の家政組織を直接の管理下におき、それまで王妃やヌバンダがおこなっていた土地の検地や大麦など諸々の支給を、王自らがおこなうか、王の名においておこなわせた。王の行為が前面にでるなかで、王妃自らがおこなったと記録された事柄が、王が代わることができない王妃固有の権能であると捉えることができる。

そうした観点からエンシ一年とルガル一年の二年間の文書から拾った王妃の活動記事は、四点にまとめることができる。(1)ナツメヤシ園と亜麻畑の管理、(2)布の支給、(3)都市神ニンギルスをはじめとする神々への犠牲家畜奉納、(4)王家の祖先供養。これら四点から、王妃の権能について述べてみたい。

家政組織を管理する王妃

(1)ナツメヤシ園や亜麻畑の管理についてみれば、ギルス市区とラガシュ市区にあった園から園丁が持参したナツメヤシを、「ラガシュの支配者ウルカギナの妻であるシャシャが戻し、倉庫に運んだ」という記録がある。ナツメヤシ園は、王でなく、王妃の管理下にあった。別の文書では、園で刈られた亜麻を「ラガシュの王ウルカギナの妻であるシャシャが整え」ている。

王妃は、果樹・菜園を管理するが、穀物畑（直営地）には関与しない。穀物畑は王が責任者である。この相違は、初期王朝時代の土地所有の観念に由来する。同じ土地でも、家宅と菜園の私有は認められ、売買の対象になった。それに対して、この時期、耕地の売買契約文書はほとんどなく、耕地の私有は進展していなかった。菜園・果樹園は、家内的な私的な領分であるので、王妃が管理できたのであり、穀物畑は、妃の家政組織に属するにもかかわらず、王が管轄した。

(2)布の支給。シャシャは、妃の家政組織所属の人々に布を支給した。妃自らの名で支給することは、同時に支給された大麦やエンメル麦の定期支給が王によってなされたことと対照的である。王がおこなう定期支給も王妃がおこなう布の支給も、受給者は同一であり、その点では差がない。支給品目が布であることによって、支出者が、王でなく、王妃になったと考えられる。妃の家政組織には羊毛関係と織物関係の工房があり、女性の家内奴隷を多くかかえていた。王妃が織物や羊毛の加工という家内労働を管轄することで、その支給も王妃の責任となったのであろう。

羊毛でなく、羊は、ほかの家畜と同様に、王の管理下にあった。牛、ロバを「支配者が検分した」「支配者が焼印を捺した」記録は存在するが、王妃が検分した例をみない。羊についても、羊の所有を象徴する儀式、「(羊の毛を最初に)刈る」ことは王がおこなった。家畜は、妃の家政組織に属するとしても、穀物畑と同様に重要な財産として王の管轄下にあった。

一般にいわれる家長が家を代表して公的活動をするとき、妻が家内を差配するという性差による分業を考慮するならば、果樹・菜園の管理や布・羊毛支給は、家内を統括するという王妃の権能に由来すると考えることができる。この権能のゆえに、初期王朝時代ラガシュにおいて、王妃は、王(lugal)や支配者(énsi)に対する王妃(nin)という称号でなく、支配者の妻(dam-énsi)や王の妻(dam-lugal)で呼ばれたのだろう。

時期がさがるが、性差からみておもしろい例を一つあげたい。ラガシュの王グデアがニンギルスの主神殿を建てたとき、完成した新神殿にニンギルス神を迎え、それにともなって、随伴する神々がニンギルス神殿に入ったことを碑文に記す。最初にあがるのがニンギルス神の妻バウ神と、子とされる二神である。神々も親子の二世代からなる家族をもつとされた。そのあと、神殿での職務を果たす諸神が続いた。将軍の二神、供物を整える神、伝奏者たる神、理髪師たる神、ロバの牧夫たる神、山羊の牧夫たる神、聖歌僧たる神、琴楽士たる神、女官たる神、耕地検地人たる神、川管理人たる神、グエディンナの管理人たる神、聖域を警護する神である。神々が果たす職務から、神殿が耕地や家畜を有する家政組織とイメージされていたことは確実である。

興味深いのは、神殿に入る神々のなかに、女性の労働である羊毛・織物関係、さらに耕地に対置される果樹園・菜園に関係した神がいないことである。こうした神々が欠落するのは、家長たるニンギルス神が管轄しうる役職の神々だけをあげたのであり、羊毛・織物という女性の家内労働や菜園は、ニンギルス神の妻であるバウ神の管轄であるとして、除外したのだろう。このことは、男性の公的な立場と、女性の家内的な存在との区別を明白に意識していたことの証拠になると考える。

神々を祭る王妃

(3)神々への奉納についてみれば、シャシャは、都市神ニンギルスなどに犠牲を捧げ、それに加えて穀粉やビールを供えた。意外なのは王のほうである。妃の家政組織を直接統轄した二年間の文書に、ウルカギナによる神々への奉納はまったく記録されない。王は祭儀権を行使する者であるから、バウ神殿とみなされた妃の家政組織でも祭りを主宰してもよさそうである。しかし、そうした記録はない。

したがって、王妃は、王の祭儀権を補完するというよりも、固有の権能として独自の祭儀権をもつと捉えることができる。その権能の由来を考えるとき、ヒントになる文書がある。シャシャでなく、前王ルガルアンダの妻バラナムタルラの記録、「ラガシュの支配者ルガルアンダの妻バラナムタルラが、ナンシェ神の大麦を食する祭りのときに献じた」神々への犠牲家畜に関する記録である。最初に、記録された七日に及ぶ王妃の巡幸日程を示す。

一日目　ギルス市区を発ち、境であるエキビル運河で犠牲を捧げ、ラガシュ市区に入ってエパ神殿でも犠牲を捧げた。祭りの成就と旅の安全を祈願するためである。

二日目　ラガシュ市区での奉納。最初に、旅の安全を祈って、アムバルラトゥルラ川で、御座車に犠牲を捧げた。続いて、ラガシュ市区の主要神殿であるイナンナ神のイブガル神殿、ラガシュ市区の〔王家〕の濯奠《かんてん》場に奉納し、その日のうちに、奉納をすませて、ニナ市区に入って、エパの門から〔持参して？〕、市区の主神ナンシェ神に奉納した。

ラガシュ市区に入るときと出るときに言及されるエパ（é-PA）神殿は、支配者がおこなう羊を刈る儀式においても、ギルス市区でのエガルとともに、ラガシュ市区での実施場所になっている。エパは、ラガシュ市区における王権の重要拠点となる聖所であったと考えられる。

三日目　ニナ市区において、ナンシェ神に「収穫物納入の日に奉納した」。これは前祭だろう。

四日目　この巡幸においてもっとも重要な祭りの日である。ナンシェ神を筆頭に、ギグナ神殿のエンキ神、「妹〔ナンシェ神〕が据えた〔神殿の〕」ニンギルス神など、多くの神々に奉納した。奉納を受ける神々に、ニナ市区に隣接する小市区の主神が含まれる。キヌニル市区の主神ドゥムジアブズ、ウルカル市区の主神ルガルウルカル神、キエシャ市区の主神ニンダル神である。ニナ市区を中心とした周辺市区の神々も同時に祭っていた。

五日目　ニナ市区においてナンシェ神への奉納。後祭になろう。

六日目　ナンシェ神に奉納してのち、帰路につく。往路を逆にたどり、ニナ市区からラガシュ市区へ移動し、ウルトゥル神と、ニンギルス神のバガル神殿に奉納。

七日目　「バウ神に、パプパプ〔王妃〕がラガシュ市区から〔ギルス市区に〕戻ったとき、献じた」。

王妃が七日をかけて巡幸する目的は、三日目、「収穫物納入の日」にナンシェ神に犠牲を捧げることに始まり、五日目まで続くニナ市区での「ナンシェ神の大麦を食する祭り」という収穫祭を主宰することであった。

注目したいのが、第七日目、ギルス市区に戻ったときに犠牲を捧げたのが都市神ニンギルスでなく、都市神の妻バウ神になっていることである。七日間に及ぶ祭りがつつがなく終わったことをニンギルス神でなく、その妻神バウに報告した。旅のはじめにも、ニンギルス神への言及はない。巡幸の途中に、ラガシュ市区のバガル神殿に坐すニンギルス神への奉納は記録されるが、それは、ラガシュ市区という市区の主神格であるニンギルス神に奉納したのであって、主神殿エニンヌに坐すニンギルス神は、いわば無視される。代わって、その妻バウ神を強調する。

このことから、王妃は、ニンギルスの妻神バウのために、祭りを主宰したと考えることができる。ラガシュの王が、妃の家政組織を直接管理したときでも、祭儀権を行使できなかったのは、妻神バウの祭儀権を有する王妃に干渉できなかったことによる、つまり、王妃には王妃特有の祭儀権が付与されていたのである。

最後の、(4)王家に連なる死者となった人々への供物奉納については、すでに第七講で述べた。重複を避けねばならないので、強調したい一点だけを述べておきたい。それは、神々の祭儀と同じ傾向なのであるが、ウルカギナ王家の祖先祭儀も、王でなく王妃シャシャが主宰していることである。同時に王であるウルカギナも祖先祭儀をおこなっていたとは思えない。一つのヒントになるのが、ウルカギナ二年に死亡した先王ルガルアンダの妃バラナムタルラのために、シャシャが、葬送儀礼をおこなったことである。それは、先王の妃というよりも、もう少し狭く、シャシャがバラナムタルラを家政組織の前の主人と捉えたことから派生する義務なのであろう。王家の祖先祭儀も、王の家政組織を主宰する王妃の務めとなっていたと考えることができる。

以上、ラガシュの支配者ウルカギナの妃シャシャが有した王妃固有の権能を四つの側面から述べてきた。それとは別に、ラガシュの王妃は、アダブの妃とのあいだで贈答に行っており、王の役割を補完して外交の一部を担っていた。外交に含めてもよい活動の記録として、王妃が、エラム地方、現在のイランに位置したウルアズからの使者のために宴を催し、帰路に必要な手当を支給した記録がある。

王妃は王を補佐する活動をするが、当然のこととして軍事権はなかった。妃の家政組織に所属する者が動員される場合も、「支配者（エンシ＝都市の王）」がエガルで閲兵した」とあって、軍事指揮権は王が掌握していた。

参考文献

前田徹「シュメール初期王朝時代末ラガシュ都市国家における支配者妃の権能」『史朋』二〇、一九八六、二五〜三五

ローマー、ジョン＆エリザベス（安原和見訳）『世界の七不思議――現代に生きる幻想の起源』河出書房新社、一九九七

Jacobsen, T., *The Treasures of Darkness. A History of Mesopotamian Religion*, New Haven, 1976.

Rollinger, R. “Semiramis”, *Reallexkon der Assyriologie* 12, 2011, 383–386.

第九講　王妃アビシムティ

王妃アビシムティの特異な活動

　初期王朝時代ラガシュの王妃シャシャが固有の祭儀権をもっていたように、ウル第三王朝の王妃も固有の祭儀権を有した。なかでも第三代の王アマルシンの王妃アビシムティの祭儀権行使は注目される。国家祭儀としてイナンナ神の祭りを始めたからである。そのことを述べたい。

　王妃アビシムティは、弟ババティの協力を得て宮廷内に隠然たる勢力をもっていた。それが顕著になるのは、王妃であったアマルシン治世よりも、息子シュシンが登位してのち、太后になってからである。ウル第三王朝では、第二代シュルギの王妃と第四代シュシンの王妃の二人は、王の死と同時に、死者に儀礼を施す灌奠《かんてん》場で奉納を受けた。これは偶然でなく、王に殉じた死である。

　それに対して、第三代アマルシンの王妃アビシムティは、アマルシンの死の直後でなく、息子である第四代の王シュシンの死の直後に、シュシンの王妃クバトゥムとともに死者として祀られた。太后アビシムティは、一代遅れではあるが、妃《きさき》クバトゥムとともにシュシンに殉じたのである。

アビシムティが、王妃であったアマルシン治世のみならず、太后となったシュシン治世にも王妃クバトゥム以上に活躍すること自体が特異であって、その意味で王となった息子シュシンに対するアビシムティの影響力の大きさが推し測れる。

祭儀権行使に関して、アビシムティがおこなった重要なこととして西方的宗教儀礼の扶植がある。第一に、シガンのハブリトゥム神の祭り、第二にダガン神の祭り、第三にイナンナ神のためのウナアの祭り、第四に聖婚をあげることができる。さらに、第五として、イナンナ神を祀るシュメール諸都市、バドティビラやザバラムを巡ることも、アビシムティから始まった。これら五つの祭りは、ダガン神の祭りを除いて、すべて、イナンナ神の、それも豊饒《ほうじょう》神としての祭りである。第一から第五まで、これらについて順次述べていきたい。

シガンのハブリトゥム神とダガン神

第一のシガンのハブリトゥム神の祭りであるが、ハブリトゥム神は、ユーフラテス川の中流域で合流するハブル川の神格化であり、シガンはハブル川上流域に位置したと推定される(図7)。アビシムティがハブリトゥム神を祭るのは、アビシムティの故郷がシガンだったからだろう。「ハブリトゥムのイナンナ神のエルヌム祭儀」とあるように、ハブリトゥム神はイナンナ(イシュタル神)と同格の神であり、イナンナ神の祭儀の一環と捉えることができる。

アマルシンの妃アビシムティの故郷が遠隔地のハブル流域と推定できるように、ウルの王は、王妃を、

図7　ダガン信仰圏

中心地域のシュメール地方でなく、遠隔地から娶《めと》った。例えば、シュルギの妃シュルギシムティの故郷はディヤラ地方であり、アビシムティが故郷のハブリトゥム神を祭るように、この王妃も、故郷で祭られていた、川を神格化したベラトシュフニルとベラトテラバンの二女神を祭った。

アビシムティが祭る神として第二にあげたダガン神について、シュメール・アッカドの人々がニップルに主神殿があるエンリル神を最高神と崇《あが》めるように、シリア方面で最高神として崇拝されたのがトゥトゥルに主神殿があるダガン神であった。アビシムティが祭るとしても、エンリル神を中心にした神々への公的な奉納の対象に、ダガン神を加えることはなかった。ダガン神に言及する場合、「ババティの家のダガン神」とか、「王妃のために」とあり、アビシムティと兄弟であるババティに関連しており、先に示したハブリトゥム神とともに、いわば、王妃の私的な場で祭りがおこなわれた。

豊饒のためのイナンナ神の祭り

第三のウナア(u4-ná-a〔月が〕臥す日)の祭りは、新月前の朔、月がまったく見えないときにおこなわれた。当時の暦は、月が見え始める新月を第一日とするので、前月の最後の日になる。ウナアの祭りは、第三代アマルシン治世の四年から確認される。主宰者は、アマルシン治世と第四代シュシン治世ではアビシムティであり、第五代イッビシン治世になってイッビシンの王妃ゲメエンリルが主宰した。つまり、シュシン治世になっても、王妃クバトゥムでなく、太后となったアビシムティがアマルシン治世に続いて主役である。ウナア祭にかけるアビシムティの並々ならぬ意欲を読み取ることができる。

ウナアの祭りが注目されるのは、月齢の祭りであるにもかかわらず、月神ナンナでなく、イナンナ神のための祭りであり、それもシュメール古来の戦闘の神でなく、豊饒の女神としてのイナンナの祭りであるという点にある。アビシムティは、西方で信仰される豊饒の女神イシュタル(イナンナ)をウルの宮廷に導入したとみることができる。

第四の豊饒神イナンナにかかわる聖婚もアビシムティの主導のもとに始まった。聖婚については多くの議論がある。しかし、この儀式を考えるとき、時代的変化を明確に意識する必要がある(表9)。農耕儀礼に沿う年ごとの豊饒祭が古くからおこなわれていたことは確かである。しかし、それは、「ウルクの大杯」

時期	形式	神	主体
初期王朝時代	神々の婚礼	都市神と配偶神	都市国家の祭儀
ウル第三王朝時代	聖婚	イナンナ神とドゥムジ神	国家祭儀
古バビロニア時代	神々の婚礼	国家神マルドゥク	国家祭儀

表9　豊饒儀礼と聖婚儀式

に描かれたように、都市神の祭りとしておこなわれたはずである。都市神と配偶神の結婚という形式、ラガシュであれば都市神ニンギルス神と配偶神バウ神、バトティビラでは都市神ドゥムジと配偶神イナンナの結婚儀式のような祭りがおこなわれたとしても、イナンナ神とドゥムジの結婚(聖婚)が、各都市でおこなわれたのではない。

表9にあるように、ウル第三王朝時代(統一国家確立期)になって、新年の豊饒儀礼として、アビシムティの主導のもとに、イナンナ神とドゥムジ神との結婚儀礼(聖婚)が国家祭儀として採用された。聖婚が、都市的伝統を超えた王朝の祭儀(国家祭儀)である点を見落としてはならない。古バビロニア時代になると、新年の豊饒儀礼は、再び、国家神の祭儀となって、バビロンの都市神であり、かつ国家神であるマルドゥクの婚礼という形態をとるようになる。

アビシムティは、新年祭としてイナンナ神とドゥムジ神の聖婚をはじめて取り入れたが、それとともに、第五にあげたイナンナ神を祭るシュメール都市ウルク、バドティビラ、それにザバラムを巡って奉納儀礼をおこなうようになった。アビシムティが諸都市においてイナンナ神を祭る場合、都市神としてのイナンナ神でなく、ウル第三王朝が国家の豊饒を祈って祭る対象としての豊穣神イナンナが、多くの都市に神殿をもっており、それらを祭るために王妃が諸都市を巡ったのである。つまり、王が国家の安寧をエンリル神に祈願するのに並行して、王妃は、ウル第三王朝の領域全体の豊饒と安寧をイナンナ神に祈願するために巡った。

豊饒の女神イナンナの導入

述べてきたように、ウルの王妃アビシムティは、王が行使する最高神エンリルの祭儀権に対置するように、豊饒の神イナンナ神を王朝・国家祭儀の対象にして、各種の祭儀をおこなった。

従来、聖婚は、前四千年紀という古い時期から存在したとされることが多かった。しかし、イナンナ神については、

(1)イナンナ神の聖婚儀式は、ウル第三王朝の国家祭儀として、第四代の王シュシンのときに始まった。

(2)この場合のイナンナ神は、初期王朝時代以来の戦闘の神という属性でなく、豊饒の女神である。

この二点を重視すべきである。聖婚は、エンリル神の祭りに対峙するように、国家祭儀の一つとしてウル第三王朝時代に始まった。それが私の理解である。聖婚の早い時期の例とされてきたウルクの大杯の描写は、初穂などをイナンナ神に捧げる収穫祭ではある。しかし、このイナンナ神は、豊饒の神でなく、ウルクの都市神であり、その資格で奉納を受け入れたのである。聖婚ではない。

こうした私の理解に対して、厄介なことに、反証となる史料がある。初期王朝時代ラガシュの王ウルナンシェ碑文である(図8)。この碑文の存在は、聖婚の問題だけでなく、私が考えるいくつかの点でも、それを覆す根拠を与える。その碑文を検討したい。

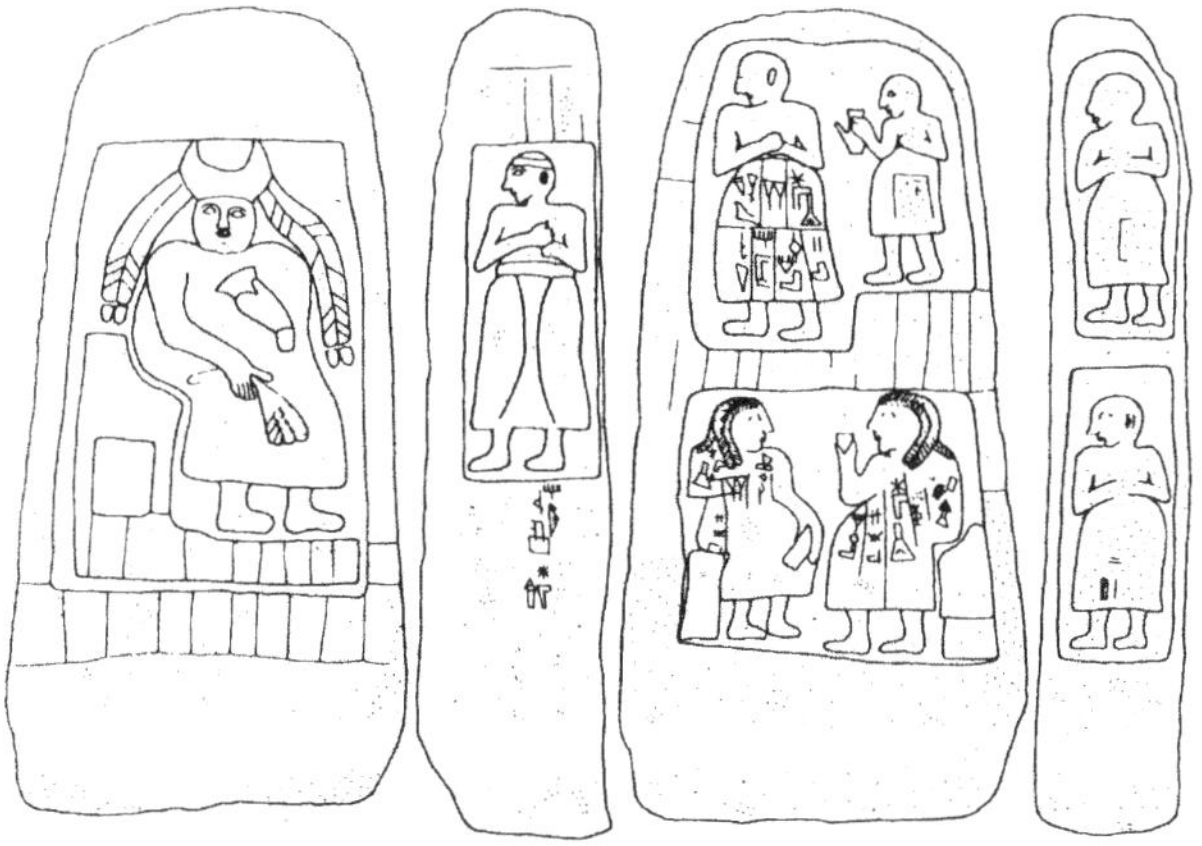

図8　ウルナンシェ碑文
出典：Suter, 2000, 236, Fig 25.

この碑文は、右から二番目の面、その上段に描かれた人物像の内に記されるように、ウルナンシェがイブガル神殿(ib-gal)を建てたことを記念した碑文である。どの神のためにイブガル神殿を建てたかは明記されていないが、ラガシュのイブガル神殿は、イナンナ神の神殿として有名であり、図8の左にあるように女神の姿が描かれてあるので、この女神がイナンナ神と考えられる。問題になるのが、女神を、豊満で、どうみても豊饒神として描くことである。この時期のシュメールでは、イナンナ神は、いまだ戦闘と愛の神であり、豊饒神ではないとする私の説に対する反証になる。このウルナンシェの碑文があることによって、私が提示した説で成立しなくなるのは、以下の四つである。

(1)イナンナ神を主人公にする聖婚はウル第三王朝時代からであり、それ以前のイナンナ神は戦闘の神である。つまり、豊饒神としてのイナンナ神は、初期王朝時代のシュメールでは重視されていなかった。

(2)イナンナ神がウルクからラガシュに勧請《かんじょう》されたのは、ウルナンシェの孫エアンナトゥム治世以降である。

(3)したがって、ラガシュのイブガル神殿は、ウルナンシェ治世には、いまだイナンナ神殿ではなく、ドゥムジ神系の神殿として存在した。

(4)王妃と王のあいだに性差に基づく役割分担があり、王の専権事項である神殿造営を記念するウルナンシェの碑文には、王妃・王女などの女性は登場しない。

(1)から(4)のなかで、(1)は、今まで述べたことである。(2)と(3)については、細かい事実確認の問題であるので、ここでは詳細を省く。(4)は、少し説明をする必要がある。

ラガシュの王ウルナンシェが残す神殿建立を祝う飾り板は、王子を描くが、王妃や王女をまったく描かないことに特徴がある。ウルナンシェより少し前に作製されたと考えられるウルの章旗でも、戦争勝利の場面に王妃が登場しないのは頷けるが、もう一方の豊饒の祝いの場面にも、王妃はもちろん女性が一人も描かれない。ウルナンシェの碑文もウルの章旗も、王の二大権限である神殿建立や戦勝、豊穣の維持を描く。女性が登場しないのは、こうした王が有する二つの大権にかかわる公的な祝いに王妃や王女が占める場はないという観念によると考えられる。王と妃には、性差による明確な役割分担があったのであり、王妃や女性はそれを基準に描かれなかった。私はそのように理解する。

さて、このウルナンシェの碑文がある限り、私の説はことごとく覆される。どのように否定されるかといえば、問題のウルナンシェ碑文(図8)は、王の責務であるイブガル神殿の造営を記念するが、王妃と王女を描く(4)の否定)。女神の像が描かれており、イナンナ神と考えられる。ウルナンシェ治世のラガシュでイナンナ神が祭られたことの証拠になり(2)の否定)、イブガル神殿がイナンナの神殿であることになる(3)の否定)。女神は豊饒神の姿に描かれている(1)の否定)。

このように、すべてが否定されるので、厄介な碑文である。この碑文をどう考えるべきか。私が見出した答えは、この碑文は贋作だということである。贋作とする根拠を三つあげる。

(1)文字が書かれる場所。この時期のラガシュ碑文は、人物像の外側の広い面やまわりの余白に文字を書くことが通例であり、身体部分に書くのは人名や職名などの固有名詞だけである。それに対して、この碑文では、文章は人物像の内側、身体部分に書かれており、人と人とのあいだは何も書かない空白になっている。この書き方は、類例がなく、異例である。

(2)ウルナンシェの名の書き方も異例である。このウルナンシェ碑文では、ウルナンシェの名を「神の限定詞－ウル－ナンシェ」の順序に書く(図9左)。この時期、文字はまだ読み順どおりに書かれていないので、書き順にこだわる必要はないが、この碑文における神の限定詞の置き方は奇妙である。

限定詞とは、一種の記号であり、その語の前、もしくは後にある名詞の意味分野を限定する役割を果たす。例えば神を示す限定詞はdingir(＊)であり、この限定詞の後ろに続く文字や語が神であることを示す。

ウルナンシェの名は「ナンシェ神の犬(＝英雄／従順な者)」の意味である。限定詞がナンシェの文字の前におかれることで、神名としてのナンシェ神と正しく読める(図9右)。しかし、問題の碑文では、神の限定詞は、掛かるべきナンシェの前でなく、ウルの前におかれている(図9左)。これでは、ウルが神をさす

図9　ウルナンシェの表記
出典：Suter 2000, 236.
Sollberger 1956, 2.

ことになる。問題の碑文に書かれるような神の名ナンシェと神の限定詞がウルという文字で分断される書き方はほかに類例がなく、限定詞に精通したシュメール人が書いたものとは思えない。

(3)最後が、女神の描き方である。手に何かを持って踊っているようにもみえるが、ウルナンシェの曾孫エンメテナの碑文に描かれた女神に相似する。エンメテナ碑文の女神は、イナンナ神を描くとされているが、明示されてはいない。銘文にあがるナンシェ神、もしくはニンフルサグ神であって、イナンナ神ではないと考えられる。私は、このエンメテナ碑文に描かれた女神像を手本にして、問題の碑文にイナンナ女神の像として近代のだれかが描いて、捏造《ねつぞう》したのだろうと推測している。

ここで扱ったウルナンシェ碑文は、アルヒバ遺跡(ラガシュ市区)でみつかったとされている。しかし、正確な出土地は不明である。しかも、この碑文がイラク博物館にいつ収蔵されたかもわかっていない。そういう出処事情を考えても、贋作の可能性が濃厚になる。

一九世紀後半か二〇世紀初頭に贋作されたと思われるが、当時の常識では、イナンナ神の本来の属性は豊饒神であり、戦闘神は新しく付加されたものとされていたはずである。さらに、碑文に男女の性差による描き分けも、まったく意識にのぼらなかったはずである。そうであるので、問題のウルナンシェ碑文が、私の説をことごとく否定することは、逆に、当時の常識にのっとった捏造であることを証明するのではないだろうか。

参考文献

クレーマー、S・N（小川英雄・森雅子訳）『聖婚――古代シュメールの信仰・神話・儀礼』新地書房、一九八九

前田徹「ウル第三王朝の王妃アビシムティ」『ヨーロッパ史における女性と社会』（平成三年度科学研究補助金（一般研究A）研究成果報告書（研究代表者　村井誠人）、一九九二、五～一〇

前田徹「ウル第三王朝時代の銀環下賜と u_4 ba-ná-a」『早稲田大学大学院文学研究科紀要』三九、一九九四、一九～三四

前田徹「王妃アビシムティと豊饒神イナンナ」『早稲田大学大学院文学研究科紀要』五五‐四、二〇一〇、三五～四八

Roth, M. T., *Law Collections from Mesopotamia and Asia Minor*, Atlanta, 1995.

Sollberger, E., *Corpus des inscriptions "royales" présargoniques de Lagaš*, Genève, 1956.

Suter, C. T., *Gudea's Temple Building: The Representation of an Early Mesopotaian Ruler in Text and Image*, Leiden 2000.

第Ⅲ部　王家の組織と文書

第十講　初期王朝時代の王妃の家政組織

王の家政組織

前三千年紀メソポタミアにおいて、王権理念は、時代をへるごとに変化し、都市国家の支配から地上世界すべてを支配する王にまで拡大した。その一方で、実際の支配形態は、王権理念に即応せず、統一国家期であるウル第三王朝時代になっても、中央集権体制を築くことはできなかった。ここに、メソポタミアにおける王権の特質があり、そうなった要因は分権的な領邦都市国家の存在である。これらは、すでに第四講で述べたところである。

中央集権的な支配とは、中間支配層を排除した一円支配のもと、中央から官吏を派遣する直接支配であり、支配領域の全域・全住民に地税と夫役《ぶえき》を課す体制である。しかし、シュメールの王は、支配下の諸都市を直接支配することなく、全住民に税や夫役を課す体制を造り上げることがなかった。それに代わる権力基盤が、巨大な家政組織(公的経営体)である。公的経営体の拡大に熱心であったのは、都市国家分立期の都市の王はもとより、領域国家期や統一国家期において統一を果たした王も同様であった。今回は、この公的経営体について述べることにする。王が、全住民に税を課すことでなく、公的経営体に依存すること、それがシュメール王権や都市を特徴づけるからである。

公的経営体は、全住民を対象にした租税と夫役の収奪に代わる仕組であるので、王権の強大さを誇示するためにも、現実的な経済実勢としても、ほかを圧した巨大な組織であることが求められた。公的経営体を支えた直営耕地の広さについて、ウル第三王朝時代のラガシュを例にとれば、領域内の全耕地八二〇平方キロの約七割、五八九平方キロという途方もない面積を占めた。ラガシュが典型かどうかは不明であるが、ほかの都市国家においても、ラガシュと同様に直営耕地の集積は進められていたはずである。

王による広大な耕地の集積は、一朝一夕になったとは思えない。そうした目で史料を探すと、シュメール時代の早期であるウルク期から初期王朝時代第三期ａにかけての時期に、特異な耕地の売買記録が残されていることに気づく。それらの耕地売買の史料はカッシト王朝時代以降に作成された不輸不入の特権を記したクドゥッル（*kudurru* 境界石）に倣って Early Kudurru と総称されている。Early Kudurru のような耕地売買記録が、早い時期に書かれていること、それ自体が特異な点である。なぜなら、穀物耕地の売買契約が一般化するのは古バビロニア時代であり、それ以前の前三千年紀のシュメールでは、私有が認められた家宅と菜園の売買文書は記録されても、耕地売買の文書がほとんどないからである。

Early Kudurru は、古拙的な文字で書かれており、多くの場合解読が困難であるにしても、ラガシュの王エンヘガルの耕地売買記録があるように、私人間の契約でなく、都市国家の王が土地の集積に積極的に取り組んだ証と捉えるべき史料である。このエンヘガルの耕地売買記録は、エンヘガルを売り手とするか買い手するかという基本的なところで議論になっている。解読の困難さを示す議論であるが、私は、単純に、エンヘガルが買い手であり、購入した耕地を、エンヘガル個人が占有する耕地、直営地となる耕地、それに耕作人が管理する小作地などに改めたと読んでいる。

妃の家政組織の所属員

王が保持した家政組織全体の規模と構成員を知るのは困難であるが、幸いなことに、王妃の家政組織を記録した初期王朝時代ラガシュの文書、約一八〇〇枚の粘土板文書が残されている。妃《きさき》の家政組織には、約八〇〇人が所属していた。王の家政組織は、王妃のそれを圧倒して巨大であったと推測されるが、史料がなく、詳細は不明である。

妃の家政組織の構成員については、月ごとの大麦支給記録から知ることができる。彼らの役職や役務は表10のように九つに分類できる。時間的制約もあり、ここでは、表にあがる職掌すべてを取り上げるのでなく、おもだったものをみていきたい。

(1)「管理・内廷」とくくったのは、家政組織において中心的な役割を果たす者と、内廷に働く者である。最初にあがるヌバンダ(nu-bànda)がこの組織の長である。ヌバンダは、ほかの時代、ほかの文書において軍指揮官(軍団長・大隊長)を意味することが多い。ただし、初期王朝時代のラガシュ文書では異なった使い方になっており、王子の家政組織の長もヌバンダを称しており、ヌバンダが軍指揮官としてあらわれることはない。

(1) 管理・内廷：ヌバンダ，油倉庫管理人，宝物庫管理人，エガルのサンガ，執事，酒杯人，書記，商人，伝令，御者，門衛，理髪師，道化師，聖歌僧
(2) 料理・酒造：ビール醸造人，料理人
(3) 職人：鍛冶，木工(nagar)，石工，陶工，フェルト製造人，漂白人，皮鞣人，籠細工人，ござ製造人，船大工(船頭)
(4) 農林業：直営地耕作人，公有地(小作地・開墾地)管理人，測量人，園丁，林管理人，原野管理人
(5) 牧畜：牛飼，若牛の牧夫，ロバの牧夫，雌ロバの牧夫，毛用羊の牧夫，食用羊の牧夫，犠牲家畜管理人，豚飼
(6) 漁業：淡水の漁師，塩水の漁師，鳥追い
(7) 労働集団：シュブルガル，アガウシュ，運搬人の長，織物工房長
(8) 下級労働者(男性)：菜園・織物工房のイギヌドゥ(igi-nu-du$_8$)，イル(人夫)
(9) 下級労働者(女性)：織物，粉挽き，ビール醸造，豚飼

表10　妃の家政組織を構成する者

(1)が管理部門であるのに対して、(2)以下が現業部門である。(2)「料理・酒造」には、ビール醸造人と料理人がおり、妃のために準備するとともに、神々にも用意した。これらは女性の仕事であり、管理者の下で仕事に従事するのが、(9)にあがる女性の下級労働者である。

(3)の職人は、「工房giš-kin-ti〔で働く者〕」と総称される。工房に集められ作業したのだろう。同時期の行政経済文書によれば、鍛冶《かじ》は彫像の象嵌《ぞうがん》にかかわり、剣を鍛える。また、短剣の柄にするために、牛の角を受領する。皮鞣《かわなめし》人は、羊の肉が厨房に運ばれたとき、残った羊皮を受け取る。鞣すためだろう。船頭(má-lah$_5$)は、字義から、「船(má)を動かす(lah$_5$)者」=船頭であることは間違いない。しかし、船頭という現代語訳ではカバーできない船大工の職務を果たし、船の艤《ぎ》装《そう》にかかわる資材などを受領する。船頭は船大工でもあったので、ほかの職人とともに工房で働く者にくく

られたと考えられる。

船に関しては、この時代よりあとのウル第三王朝時代になると、諸都市を結ぶ広域の運河網が整備され、物資を陸路でなく水路を使って船で運ぶことが普及した。それにともなって、工房とは別に、造船とその資材の調達などをおこなう独立した組織マルサ(mar-sa)が造られ、船頭(船大工)も、そこに所属した。

(4)の農林業に分類されるのは、生産の根幹である穀物栽培など、家政組織が所有する直営耕地や小作地、果樹園・菜園、それに林で働く人々である。

耕地は、直営地、クル地、小作地に三分された。この組織の根幹となる直営地は、農民による請負耕作でなく、専業の直営地耕作人(sag-apin)がおり、彼らがおこなった。クル地は、義務の見返りに所属民に与えられた耕地であり、封地とも訳せる。第三の小作地とは、収穫の半分を収めることを条件に貸し付けられた耕地である。小作地という名称であるが、近代の小作とは異なり、耕地を拡大するための開墾奨励策にのっとったのが小作地であり、開墾するための資材や労力を投下できる有力な神殿の最高官や妃の家政組織所属民に貸し付けた。公有地(小作地・開墾地)管理人(engar)は、小作地の検地や「小作料の銀」の納入を管理していた。

「園丁」とは果樹園・菜園を管理する者である。初期王朝時代のラガシュの園丁は、ナツメヤシにもかかわるが、タマネギなどの野菜を育てる菜園の管理が主任務であった。ウル第三王朝時代なると、大規模なナツメヤシ園を管理することが主任務になった。

農業と並んで重要なのが、(5)の牧畜である。主たる家畜は大家畜の牛・ロバと、小家畜の羊・山羊である。これらの家畜には牧草を食むのとは別に、貴重な食料である大麦を飼料として与えたものがあった。豚も飼育されていた。

(6)に示したように、農耕・牧畜だけでなく、漁業も重要な生業である。妃の家政組織に属する漁師は、大きく淡水と塩水の漁師に分かれる。漁師は、定期的に魚を献上した。献上は月ごとの義務であるが、そのほかに年二度、祭りのために献上した。シュメールでは、魚と鳥は水辺に生きるものとして同一の範《はん》疇《ちゅう》で捉えられており、鳥追いも漁師仲間に分類される。彼らは、いったん事あれば動員される主要な軍事集団の一翼を担った。

(7)労働集団は、大別すれば、おもに運河での労働や軍役を担う者と、人足のような専門性のない肉体労働に従事する集団に分かれる。その代表が、下級労働者の(8)に属する運搬人(íl)であり、彼らを束ねる者が、運搬人の長(ugula-íl)である。運搬人(人足)は日常的な力仕事を任務としたはずであるが、彼らの労働を記録した文書は残されていない。

イギヌドゥは「目が見えない人」が原義であり、意味通りに目を潰された者であって、菜園と織物工房で働いた。彼らは辺境とされたエラムから買われてきた者が多数を占めたと考えられる。

(7)にあがる残り、シュブルガル(šub-lugal)とアガウシュ(àga-uš)が、妃の家政組織における専門的軍事・労働集団である。この時代、軍事集団と労働集団は未分化であり、平時における灌漑《かんがい》労働と、戦時の軍役を同一集団がおこなう軍事・労働集団の形態をとった。シュブルガルは、私の卒業論文のテーマであり、結論なしの提出になってしまったことを思い出す。シュブルガルを選んだのは、初期王朝時代ラガシュの文書にあらわれるだけで、ほかに例がないという、その特異さに興味をもったからである。なお、研究道遠しであるが、現時点での理解を示しておきたい。

シュブルガルの語義として「ルガルに服する者」が考えられる。初期王朝時代のラガシュの王は、通常、ルガルでなく、エンシを名乗ったので、ルガルを王の意味にとることはできない。ルガルには、別に、土地の所有者や奴隷の所有者(主人)の意味があり、シュブルガルは「主人に服する者」の意味になると思われる。ここでいう「主人」が、ラガシュの都市神ニンギルスなのか、世俗の王や神殿の最高神官を含むのか、それは不詳であるにしても、シュブルガルは、のちの時代に頻出するムシュケーヌム(MAŠ.EN.KAK *muškēnum*)の先駆となるもので、職名というより身分的な呼称であって家政組織における狭義の従属民となろう。こうした説明だけでは、卒論提出から五〇年経っても解明できたというにはほど遠い。

最後の二つ、(8)(9)に分類されるのは、基本的に男女別に編成された下級労働者(家内奴隷)である。(9)の女性労働者は、製粉と製布が主たる仕事であり、その二つの職務に分かれて集団をつくった。織られた布は日常的に使用されるものだけでなく、交易品ともなった。

以上、家政組織の人的構成のあらましを述べた。ここではっきりさせるべきは、初期王朝時代ラガシュの文書が描き出す組織を、妃に属する家政組織(公的経営体)として明確に捉えることができるようになったのは、画期的な前川和也氏の論文が発表された一九七三年以降だということである。それ以前では、例えば、この組織を神殿経済として捉え、それからの連想で、ウルカギナがおこなった改革を、伸張する世俗王権と旧勢力たる神官との対立とみる、もしくは、この組織を原始共同体と見立てて、その解体を背景にした対立と解釈することもあった。前川論文は、妃の家政組織の時代的変遷を明らかにして、ウルカギナの改革は王権の強化と組織の拡大が主眼であったと実証することで、従来の説の曖昧《あいまい》さを正した。

前川論文の重要な点は、もう一つ、妃の家政組織は、もともと、王の組織に属しており、ルガルアンダ治世に分離するとともに、固有の直営地を得て急速に巨大化したという指摘である。王は、妃や王子のための独自の経営体を創設することで、王家全体の基盤となる公的経営体の拡大を図っていたのである。

王子の経営体形成については、妃の家政組織がいまだ自立していなかったエンエンタルジ治世に、すでに王子ウルタルシルシルラの家政組織があり、彼の兄弟であるルガルアンダが王位を継承したのちも存続した。それ以前、ウルナンシェ王家のエンメテナの治世に、王子ルムマトゥルの耕地売買契約文書が残されており、購入した耕地は自己の家政組織の創設、もしくは拡充のために使用されたと考えられる。

耕地を購入したルムマトゥルはエンメテナの王位後継者でなく、王位は兄弟のエンアンナトゥム二世が継いだ。エンエンタルジの王位も家政組織を保持したウルタルシルシルラでなく、ルガルアンダが継いだ。逆に、ルガルアンダが、王位を継ぐ以前に、独立した家政組織を有したことを示す文書はない。王位継承者は特別な扱いを受け、王の家政組織のうちにとどまったのであろう。

王妃や王子の家政組織を創設することが、王家の家政組織の拡大に寄与する。加えて王女の組織も寄与する一つである。王女の組織は、ルガルアンダ治世に、王妃の家政組織に付随して形成された。当初は、乳母や料理人など、身近に仕える者だけで構成されていたが、次第に直営地を保有し、その土地を耕す者や、船頭や大工などの労働部門の所属員が加えられていく。ウルカギナ治世になっても拡大する傾向を示すが、王妃の家政組織から独立するにはいたっていない。

初期王朝時代ラガシュでは、王、王妃、王子、王女それぞれに家政組織を形成し、拡充する傾向があった。ほかの都市において、そうした傾向性があったかどうかは不明である。しかし、初期王朝時代の有力な都市国家（領邦都市国家）では、ラガシュと同様に、王が独立自営の巨大な家政組織を基盤として存立したことは確かであろう。

ウル第三王朝支配下のシュメール都市における公的経営体

ウル第三王朝時代における公的経営体の存在は、ラガシュとウンマから出土した多数の行政経済文書が、前代と同様に、定期的大麦支給を受ける各種の職務を果たす人々と、広大な直営地を記録することで、確証される。直営地は、初期王朝時代と同じく、一般市民の夫役労働や、農民の請負でなく、支配者の公的経営体に組み込まれた専門集団がおこなっており、そこで収穫された穀物が、公的経営体の基礎になっていた。領邦都市国家は、ウル第三王朝時代になってウルの王の支配に服しても、依然として公的経営体（家政組織）を基盤としたのである。

ウル第三王朝時代の公的経営体は、初期王朝時代における都市国家の王の家政組織を継承しつつ、規模としては、先にみた妃の家政組織など足元にも及ばないほどに巨大化し、都市全体を包含して組織化されるようになった。ウルの王は統一を果たしたとはいえ、直接的な支配でなく、それぞれの都市の公的経営体を統括する都市支配者（エンシ）をとおして間接的に支配したにすぎない。ここに、シュメール都市の自立性・分権的傾向をうかがえるのであるが、この時期の公的経営体のあり方を、ラガシュ文書からみてみたい。

ラガシュの文書の一つが、ウル第三王朝第三代の王アマルシン二年における直営地の収穫穀物とその支出を集計して記録する。そこでは、収穫された全穀物の五割がウル王のものとされ、王都ウルや最高神エンリルの神殿がある聖都ニップルに船で運ばれるか、もしくは、ラガシュ国内の穀粉所で加工されて王のために支出された。同様の記録がウンマにもあり、配下の各都市に設定された広大な直営地が、ウルの王にとって必要不可欠な経済基盤であったことは確かである。

しかし、各都市に設定された直営地はウルの王の直轄領ではない。ラガシュでもウンマでも、支配者（エンシ）を頂点とする公的経営体が直営耕地の管理と運営にあたった。耕地測量や収穫量調査を「王の書記」や「王の直営地測量人」がおこなうことがあっても、王が、農作業や耕地を管理するために常駐する直属の吏僚を諸都市に派遣することはなかった。

直営地からの収穫穀物の半分はウルの王のために支出された。そのことは、逆に、半分は都市支配者のもとに残ることである。ラガシュ文書をみると、都市支配者からの支出は、まずもって、直営地での農作業のためであり、種もみや耕作牛の飼料、それに耕作従事者への支出であった。それに続いては、会計上の地域区分、「ギルス市区」「ニナにいたる運河」「グアッバ市区」に従って、定期的大麦支給（še-ba）と定期的奉納（sá-dug$_4$）のための支出があった。定期的大麦支給が公的経営体所属員への支給であり、定期的奉納とは、製粉所などへの支出と神殿への支出のことである。

大麦の支出からわかるように、ウル第三王朝時代になると、都市支配者を頂点とした公的経営体が、前代の家政組織にみられる自立的な形態を継承しつつ都市全体を覆うようになっていた。そのことで、ラガシュの行政経済文書は、「ギルス市区からグアッバ市区まで」のラガシュ全土を対象にして記録されるようになった。会計簿は、「ギルス市区」「ニナにいたる運河（＝ラガシュ市区・ニナ市区、中小の市区）」「グアッバ市区」に三区分して集計された。各市区にあった諸神殿は、独立して会計簿を作成したわけではない。神殿は、支配者（エンシ）を頂点とする全市区を包含した行政経済組織（公的経営体）のなかで、管理運営を担う下部の組織と位置づけられた。

参考文献

前川和也「エンエンタルジ・ルーガルアンダ・ウルカギナ――初期王朝末期ラガシュ都市国家研究・序説」『人文学報』三六、一九七三、一〜五一

前田徹「エミ文書研究覚書(I–II)」『史朋』六、一九七七、一〜八

前田徹「ウル第三王朝時代のラガシュにおける穀物関係文書について(I)」『広島大学文学部紀要』三九、一九七九、三四一〜三五五

山本茂「シュメール都市国家ラガシュにおける神殿の社会組織について――割当地保有者をめぐって」『史林』四一、一九五八、五八一〜六〇四

山本茂「シュメール都市国家の労働組織について――ラガシュのバウ神殿と自由人および奴隷との関係を中心に」『西洋史学』四八、一九六〇、一七四〜一九七

山本茂・前川和也「シュメールの国家と社会」『岩波講座　世界歴史1』岩波書店、一九六九、八三〜一一三

Edzard, D. O., *Sumerische Rechtsurkunden des III. Jahrtausends aus der Zeit vor der III. Dynastie von Ur*, München,

1968.
Gelb, I. J., et al., *Earliest Land Tenure Systems in the Near East: Ancient Kudurrus*, Chicago, 1991.

第十一講　ウル第三王朝時代の公的経営体と神殿

前回の最後でラガシュを例にとって述べたように、初期王朝時代における公的経営体が家政組織として存在したのとは相違して、ウル第三王朝時代には、エンシを頂点として都市全体を包む一つの巨大な公的経営体になっていた。シュメールの諸都市は、ウルの王による支配を甘受しつつ、それぞれの都市に適合した自立的な道を模索しており、ラガシュとその隣接都市ウンマでは、公的経営体のあり方は異なった。今回は、都市によって公的経営体のあり方が相違することを、神殿に着目して述べることにしたい。

神殿の役割——ラガシュとウンマの比較

ウル第三王朝時代のラガシュには、都市全域を対象にした公的経営体があった。ラガシュは、もともとが独立都市であったギルス、ラガシュ、ニナと、ペルシア湾に面したグアッバの四大市区、加えて、その周辺の中小の市区が、ギルスを中心に国家としてまとまったものであり、隣国ウンマに比べて四～五倍広かったと推定される。広大な市域を対象にして成り立つ公的経営体において、神殿が管理運営を担う下部の組織と位置づけられていた。

　神殿の役割を端的に示すのが、直営地の経営である。直営地の収穫穀物は、神殿を単位に集計された。経営主体となる神殿としては、四大市区のおのおのの主神的な神、ギルス市区のニンギルス神、ニナ市区のナンシェ神、ラガシュ市区のガトゥムドゥグ神、グアッバ市区のニンマルキ神の神殿があり、ラガシュ市区には、別にイナンナ神殿とニンギルス神のためのバガル神殿があった。王たる神シュルギの神殿も経営単位となっていた。直営地耕作人は神殿単位に編成され、播種用穀物なども、神殿を代表するシャブラ・サンガのもとで記録された。こうした役割を果たすシャブラ・サンガは、神を祭る神官というよりも、行政官と呼べる役職と捉えられる。ヌバンダに統率された運河工事などに従事する労働集団も、神殿単位に編成されていた。

　ラガシュの神殿が行政経済組織の性格を有することは、神殿組織の構成メンバー表からも知ることができる。それぞれの神殿において、最初に書かれているのは、統括者であるシャブラ・サンガであり、それに続いて、文書管理の要である文書管理人(GÁ-dub-ba)、経済の根幹である直営地の管理を担当する直営地測量人(sa$_{12}$-du$_{5}$)と物品の管理にあたる倉庫長(ka-gur$_{7}$)が並ぶ。彼らを上級者とする神殿とは、行政経済組織にほかならない。

　一方のウンマはどうであろうか。ウンマには、エンシの組織に所属する者を書き出した文書がある。それによれば、直営地測量人から始めて、都市支配者の護衛人、書記、酒杯人、ビール醸造人、料理人、理髪師、兵士、ロバの飼料である草の運び人、船頭、漁師、皮鞣《かわなめし》人、陶工、衣服裁縫人、門衛、前庭清掃人、犠牲家畜管理人、穀粉所の長、騎乗伝令などが記されている。

エンシ組織の筆頭に直営地測量人があがるのは、直営地管理が都市支配者の主任務だからであろう。あとは、初期王朝時代の家政組織と同様な職種で構成されている。都市支配者は、独自の家政組織を保持するとはいえ、直営地の経営にみるような都市全体を背景にした公的経営体からみれば、その公的経営体を構成する一つの組織にすぎない。エンシ組織の経済基盤となるウンマの支配者(エンシ)のクル耕地は、六〇ブルの面積であった。直営耕地が六〇〇ブルであることに比べれば、一〇分の一であり広くはない。そのことよりも、ウル第三王朝時代の直営地は、ラガシュと同じくウンマでも、初期王朝時代のようなエンシ(支配者)の家産でなく、公的経営体として組織されていたことに着目すべきであろう。ウル第三王朝時代では、初期王朝時代の家政組織の原理を継承するにしても、もはやエンシの家産でなく、都市全体をひとまとまりとした公的経営体組織になっていた。

ウンマがラガシュと相違する点は、神殿が直営地経営に関与しないし、労働集団も神殿に付属していないことである。直営地は、神殿を単位とせず、ダウンマ、アピサル、それに、ムシュビアンナとグエディンナの四耕作区の区分に従って運営された。ダウンマ(da-umma[ki])は、ウンマ市部の側(da)という意味に採ることができ、ウンマ市区を単位とした耕作区であることは確実である。

直営地の収穫穀物記録も、ラガシュのような神殿単位でなく、耕作区であるダウンマ、アピサル、グエディンナ、ムシュビアンナごとの集計になっている。ムシュビアンナは、グエディンナとまとめて集計されることも多い。四耕作区ごとに記録することは、耕地とその収穫穀物だけでなく、直営地耕作人や犂耕《りこう》用家畜も同様である。死亡した耕作牛の皮の納入も、「ダウンマの牛」「グエディンナ・ムシュビアンナの牛」「アピサルの牛」の三区分に従って記録する例がある。ウンマでは、直営地を耕作する耕作集団は地区別に編成され、その総体をエンシが統括する体制であった。

市 区

ラガシュでは、四大市区と中小市区からなっていたが、ウンマにも市区の区分があり、都市神シャラの中心神殿があるウンマ市区と、妻神ニンウルラの主神殿があるアピサル市区の二大市区があった。例えば、課役は、アピサル市区とウンマ市区の二区分によってなされ、「ウンマ市区内のバル義務に出るエリン」「アピサル市区内のバル義務に出るエリン」のように記録された。ビール醸造人や布を織る女労働者など、職人や作業場もウンマ市区とアピサル市区の区分に従って記録されている。直営地の耕作区は、アピサル市区とウンマ市区(ダウンマ市区)が基本にあり、それに付随して、別にムシュビアンナとグエディンナを耕作区として設定した形になっている。

市区ごとに会計がなされたことは、次に示す文書からも明らかになる。これは、ウンマ市区の大麦支給を点検する過程で、グエディンナやアピサルで本来受容すべき人への支給が見つかり、その処理を記録した文書である。

六〇シラの大麦支給、キリダブ職のルガルマルトゥ〔への支給〕。〔彼は〕ルガルクズのところ〔にいる〕。〔したがって、〕**グエディンナ市区の大麦支給表**を調査すべきである。

四〇シラ〔の大麦支給〕、籠作りのルガルクガニ〔への支給〕。**アピサル市区の大麦支給表**を調査すべきである。

一グル四〇シラ〔の大麦支給〕、ルニンシュブル。〔彼は〕集団の長であるシャラカムのところ〔にいる〕。

アピサル市区の大麦支給表から減ずる〔削除する〕必要がある。

ウンマ市区における〔大麦支給〕。

グエディンナ市区、アピサル市区、ウンマ市区おのおので独立した会計簿が作成されていることで、重複を避けるために調査し、支給表からの削除が必要になったのであろう。

このように、ウンマにおいてもラガシュと同様に市区が単位であったが、ラガシュと相違する点は、神殿が、市区の下部単位たる行政・経済組織の役割を果たさないことである。

ラガシュにおいては神殿組織が直営地経営の主体として再編成され、各神殿のサンガもしくはシャブラが、直営地の収穫穀物を含めた会計簿を有する。それに対してウンマにおいてそうした会計簿を有する者が、都市神シャラの神殿や、シャラ神の妻神ニンウルラの神殿などの神殿組織に所属したことを明示する史料はない。統一を果たしたウルの支配のもとで、直営地の再編がなされたとしても、ラガシュとウンマでは、異なる組織化が図られ、公的経営体全体の組織も、両者で異なることになった。その相違を、エンシと神殿との関わりからみたい。

エンシ

前川和也氏によれば、ラガシュにおいて、エンシ職にあったウルラマは、息子たちを有力神殿の最高神官職であるサンガに任命した。息子の一人ドゥドゥはナンシェ神殿のサンガに、ルガルシグギはシュルギ神殿のサンガ、そしてウルバウはニンマルキ神殿のサンガになった。エンシが、神殿の直接支配を指向した結果の補任である。神殿が行政経済組織として重要な役割を果たすラガシュの特色から当然の方向性であったと思われる。

ウンマでは、神殿との関係がラガシュと異なる。まず、ウンマのエンシ職であるが、シュルギ三三年以降イッビシン治世まで、ウルニギンガルの子とされる三兄弟、ウルリシ、アカルラ、ダダガが順次就任し、独占した。しかし、エンシが、息子を、都市神シャラの神殿などのサンガやシャブラに就けた証拠はなく、神殿を直接支配することはない。むしろ、エンシ一族は、行政経済組織の主要な役職を独占する方向を示した。どのような役職にあったかをみたい。

兄弟のなかで最初にエンシ職に就いたウルリシは、シュルギ三三年からアマルシン八年までの二四年間、エンシ職にあったが、彼はエンシになる前、倉庫長であった。ウルリシがエンシになるとともに彼の兄弟であるイルが倉庫長になった。イルのあとだれが倉庫長になったか確認できないが、兄弟のなかで最後にエンシとなったダダガの子グドゥドゥが就いたと推定できる。倉庫長の役務と考えられる神殿への大麦支給が、おおむね時間順序に従って、倉庫長のウルリシとイルに続いては、グドゥドゥが担当したからである。

エンシとなった三兄弟には、もう一人ウルエエという名の兄弟がいた。このウルエエは、父が就いていたクシュ職を継承し、ウンマにおける二大市区の一つアピサル市区の行政全般の責任者という重責を、遅くともシュルギ三五年からシュシン五年まで務めた。ウルエエの子、ウルハヤは、父を補佐し、父の死後はアピサル市区の責任者の地位を継いだ。

ウルリシの兄弟でエンシ職を継ぐアカルラ(a-kal-la, a-a-kal-la)は、エンシに就く前、銀の管理を職務としていた。この職務は、彼の兄弟であるダダガに引き継がれたのち、ウルエエの子ルカルラと、さらに、ダダガの子グドゥドゥが継承した。銀の管理はエンシ一族が独占していたことになる。

このようにウルニギンガルを祖とするエンシ一族は、市区を単位とした行政経済組織の重要な役職、アピサル市区の責任者や、倉庫長、銀の管理職(具体的な職名は不明)を独占した。神殿が行政経済組織の中核であったラガシュとは異なり、ウンマでは神殿はそうした機能を果たしていなかった。

神殿との関わりでは、神殿への定期的支給である大麦の支出がウンマの支配者の一族であるウルリシ、イル、グドゥドゥからであったように、ウンマの諸神殿は独立した組織と権威を有するも、エンシの保護下にあったことが理解される。

シャラ神とニンウルラ神のシャブラ

ウンマの神殿は、ラガシュと異なり、公的経営体の下部組織として機能していなかった。そのことを別の側面から述べたい。これから述べることは、必要とする史料ほど見つからないというジレンマの一端を示すことでもある。

神殿のシャブラ・サンガは、ラガシュでは直営地の管理など行政・経済上の主要な役割を果たしていた。ウンマにおいても神殿の長としてのシャブラは存在するが、その活動の範囲は、ラガシュと異なる。そのことを明らかにするために、ウンマの都市神シャラに仕えるルニンシュブルと、シャラ神に次ぐ高い地位にあった神、ニンウルラ神のシャブラであるアアッバニの活動を追うことにする。

ただし、ウンマ文書には、当該人物について、「シャラ神のシャブラ」や「ニンウルラ神のシャブラ」のように、所属神殿を明記した例がない。ここで取り上げるルニンシュブルとアアッバニが、それぞれ、シャラ神とニンウルラ神のシャブラであることは、文書に捺された円筒印章の銘文からのみ知られる。その円筒印章も、厳密にいえば、最初に取り上げる円筒印章銘「ルニンシュブル、書記、シャラ神のシャブラであるドゥッガの子」が示すのは、父ドゥッガがシャラ神のシャブラだということである。しかし、この印章を捺した文書の一つが、「シャブラであるルニンシュブルの捺印文書」と明記することから、ルニンシュブルが父からシャラ神のシャブラ職を継いだことが知られ、この印章を捺した文書は、ルニンシュブルの史料として使用できる。

ルニンシュブルの印章が捺された文書の内容をみると、ラガシュのシャブラとは違って、直営地耕作にかかわる文書がまったくない。彼が属するシャラ神殿関係では、シャラ神殿への定期支給(sá-dug$_4$ ^{d}šára)を受領し、シャラ神殿の建立に際しては、その基台の定礎を満たす穀粉を受け取っている。また、シャラ神のために、ウンマの七月の月名にもなっている「パウアの祭り」の用品を受領する。別に、葦束をナウアなる人物が受領した際に、彼の印章が捺されている。受領者ナウアとは、シャラ神への献納品を管理する「献納の書記 dub-sar a-ru-a」のナウアであろう。シャラ神殿の高官であるルニンシュブルが確認の印章を捺したと考えられる。

ルニンシュブルは、ウンマ市内のシャラ神関係だけでなく、聖都ニップルへの支出や、ニップルにおいて六月におこなわれる kin-^{d}inanna の祭り、エンキ神やアンヌニトゥム神への奉納にもかかわっている。さらに、エンシのバル義務に関係しての支出においても責任者となって捺印する。バル義務としての支出において用途が記される場合は、その用途はシスクル祭儀用など、祭り関係に限られる。

このように、シャラ神のシャブラであるルニンシュブルは、シャラ神を祭ることや祭儀関係、さらにシャラ神殿全般の活動を記した文書に捺印しており、それが彼の職務であったと考えることができる。

次に、アピサル市区の主神であるニンウルラ神の神殿のシャブラであるアアッバニの職務・活動をみたい。彼がシャブラであることは円筒印章銘から知られる。ただし、彼がこの印章を使用するのは一例しか知られておらず、そこから職務を判断することはできない。アアッバニの名を記す文書を逐一検討するしかない。名を記す文書は三八をあげることができる。そのなかで、耕作にかかわるエンガル職や下級労働者のリストに載るアアッバニは、明らかにニンウルラ神のシャブラとは別人であるので、これらを除いた三六文書が対象になる。そのうちの一文書に、神殿にかかわるサンガとグダ神官に就く者の二人が同名のアアッバニとなっている。サンガ職のアアッバニがニンウルラ神とかかわっていたかどうか不明であるので、シャブラ職のアアッバニと同一人物と断定できない。別人とみなしてよいと思われる。それに対して、グダ神官職にあるアアッバニは、ウンマ市区のニンウルラ神の標章に捧げる山羊を記録する文書にあらわれており、ニンウルラ神のシャブラであるアアッバニと同一人物である可能性がある。別の文書では、グダ神官のアアッバニのほかに記されたもう一人のアアッバニはエンシの奉納である牛を支出する者である。このアアッバニはサンガ職のアアッバニである可能性があり、少なくとも、シャブラのアアッバニの用例からは除外できる。

同一人物である可能性のある三六例の内容をみると、ここでも、直営地の耕作に関係する文書はない。ニンウルラ神に奉納するナツメヤシを受領すること、直営耕地におけるニンウルラ神のクル大麦を支出すること、労働集団がニンウルラ神殿においてアアッバニのもとで働くこと、ニンウルラ神への定期的大麦支給を受領すること、ニンウルラ神の標章のために奉納された銀や山羊を支出すること、ニンウルラ神殿に属するロバへの飼料を受け取ること、ニンウルラ神殿の建設にかかわる煉瓦を受領することなど、アアッバニはニンウルラ神殿のために各種の活動をおこなっている。これらは、神殿所属員としての活躍であり、直営地を含むウンマの行政制度の末端を担う者ではない。

このように、ウンマにおいて、シャラ神のシャブラであるルニンシュブルとニンウルラ神のシャブラと考えられるアアッバニは、神殿のために働く者である。神殿のシャブラであるから当然といえば当然であるが、ラガシュのシャブラと比較した場合、ラガシュにおいては、神のための活動よりも、直営地や経済活動に従事し、行政組織の末端を担う役職になっている。そうした任務がウンマの神殿のシャブラには課せられておらず、狭い意味での神殿の活動にのみ関与する。

これに関連して注目されるのが、ニンウルラ神のシャブラであるアアッバニが、グダ神官とされるアアッバニと同一人物と考えられることである。アアッバニは、ニンウルラ神殿内において、総称的にグダ神官と呼ばれる階層に属したことになる。つまり、ウンマのシャブラは行政職の位階でなく、神官の最上級の位階になるということである。

神殿のあり方をラガシュとウンマを比較してまとめれば、ラガシュにおいては神殿に行政・経済機構の末端を担わせており、エンシは神殿組織群を通じて直営地の経営をおこなった。それに対してウンマのエンシは、神殿でなく市区を単位として、一族を要所に配して掌握した。エンシによる支配を図式化すれば、ラガシュでは、エンシ－神殿－直営地と縦の系列が想定できるが、ウンマでは、エンシの下に神殿と直営地が並列する図式になる。ラガシュとウンマにおける神殿に属するシャブラの役割の違いに注目すれば、ラガシュにおいては公的経営体システムの運用に、ウンマにおいては神殿運営という異なる職務が期待されていた。逆説的な言い方になるが、ウンマ市の神殿は、経済的に公的経営体に依存しながらも、一定程度エンシから距離をおいた独自の組織体を形成していたことになる。シュメール諸都市において、ラガシュ型とウンマ型、どちらが標準的な体制であったのか。その判断は難しいが、私個人の感触からすれば、ウンマ型の体制が一般的であったように思われる。

参考文献

前川和也「ウル第三王朝時代におけるラガシュ都市――エンシと諸神殿組織」『西南アジア研究』一六、一九六六、一～三〇

前田徹「ウル第三王朝時代のウンマにおける神殿への奉納」『早稲田大学大学院文学研究科紀要』四二－四、一九九七、三九～五五

前田徹「ウル第三王朝時代ウンマにおけるエンシとシャブラ」『オリエント』四六－一、二〇〇三、一～一八

Maekawa K., The ‘Temples’ and the ‘Temple Personnel’ of Ur III Girsu-Lagash”, in K. Watanabe (ed.), *Priests and Officials in the Ancient Near East. Papers of the Second Colloquium on the Ancient Near East - The City and its Life held at the Middle Eastern Culture Center in Japan, March 22–24, 1996*, Heidelberg, 1999, 61–102.

第十二講　職人・商人と道化師・聖歌僧

職名と職務

初期王朝時代ラガシュにおける妃《きさき》の家政組織の構成員は、専門的な各種の職業集団である。皮鞣《かわなめし》人は獣皮を鞣す人だろうし、籠細工人は葦などで籠を編む。彼らは、職名からその職務を想像できる。そうでなく、船頭が船大工をかねたように、シュメール語の職名を直訳しても、職務の内容が十分に伝わらない場合がある。例えば、木工である。

ナガル(nagar)は、通常「木工」でなく、「大工」、もしくは「指物師」と訳される。初期王朝時代のラガシュ文書によれば、彼らは、犁耕《りこう》用犁《すき》と播種用犁の木製刃を直営地耕作人から受け取っている。受領するのは犁耕や播種が終わる頃であり、農作業で破損した犁を修理するためであろう。木製の犁刃をナガルのために工房の倉庫に納めた記録もある。このように、ナガルは農具に関係した職種であり、家を建てる「大工」は論外であり、小物をつくる「指物師」では狭すぎるので、日本語では「木工」となろう。今回は、初期王朝時代やウル第三王朝時代の文書に記録された諸々の職業からいくつかを選び、あまり触れられることのない、その働きぶりをみていきたい。

神殿造営と像の製作

妃の家政組織の所属員としては登場しないが、建築師(šitim)という職種がある。第六講で述べたように、ウル第三王朝時代のウンマにおいて都市神シャラの神殿造営にかかわる建築師集団は、「王宮からシャラ神殿を建てるためにきた」とされており、ウンマの支配者に属さないで、ウルの王が、特別にウンマに派遣した職人集団である。王に直属するが、彼らの多くが、その名にラガシュ固有の神々の名を含むので、ラガシュで組織され、王の直属となって、王命に従って各地での作業に従事したと考えられる。必要があれば各地を巡る職人集団があったことになる。

この建築師集団の構成員は、シャラ神殿の造営に参画した建築師集団へ穀粉と油を支給した記録から、ある程度復元できる。最初に建築師長ウルイギアリムへの支給が記録され、続くナムマフバウは、なぜか名のみで職名を明記しない。次に七人の建築師の名が並ぶ。そのあとに、七月に受給する二〇人、八月に受給する二四人の集団があがる。彼らは名を書かれることなく、人数だけの表示である。つまり、建築師集団は、全体の統括者としての建築師長のもとに、ナムマフバウが実際の現場責任者、その下に七人の建築師、さらにその下に、月ごとの交代制で作業をする二つの集団に分かれた下働きの建築師という組織であった。

現場を監督するナムマフバウは、記録された三月から八月までの全期間をとおして受給する。それに対して建築師長は、工事の終盤、七月一七日から八月二五日までの三八日間の受給である。建築師長は、現場に常駐することなく、最終工程を確認するためにウンマにきたと考えられる。

集団全体の責任者と現場の責任者が分かれて二重になっているのは、初期王朝時代ラガシュにもみられる。王妃シャシャの像を製作する集団である。前三千年紀のシュメールでは、像は、金属製よりも石製が多い。金属よりも、比較的大きな像を造ることができたからであろう。石材としては、ペルシア湾のマガンやディルムンから運ばれてきた閃緑《せんりょく》岩が好まれた。シャシャの像も閃緑岩で造られたと考えられる。造られたシャシャの像は、「バウ神は王妃の役割を完全にする」と命名された。

シャシャの像の造作に従事した集団の構成は、彼らに穀粉・ビール・ナツメヤシなどを支給した記録から知られる。受給者は、筆頭に「エガルのサンガ」がおり、次に彫像師長、ついで、鍛冶《かじ》、石工、銀細工人の三人が同額を受給する。最後に四人の銀細工人と一人の鍛冶が並ぶ。支給量の多寡《たか》からみて、この集団は、書き順通りのヒエラルヒーであったと考えられる。つまり、エガルのサンガが全体の責任者であって、実際の仕事は、現場責任者である彫像師長のもとに、鍛冶、石工、銀細工人の三人がおこなった。最後に記された一人の鍛冶と四人の銀細工人が下働きの職人である。先にみた建築師集団と同等のヒエラルヒーである。

石工が像を彫り出し、鍛冶や銀細工人が象嵌《ぞうがん》を担当した。王妃像の製作全体を統括するエガルのサンガ（神官か）は、別の文書でも工房の職人たちを束ねる者として登場するが、それが本来的な職務であったかは、不明である。エガル（é-gal）が古バビロニア時代には王宮を意味したことは確かであるにしても、初期王朝時代のラガシュには「支配者(エンシ)の家」が別に存在することから、エガルが都市国家の支配者のための王宮であったとは考えがたく、エガルがどのような建物を示すのか不明だからである。

全体を統轄するエガルのサンガは、像の製作に直接関与しない。王妃の像を造る作業を指揮したのは彫像師長である。彼は妃の家政組織の大麦支給表や耕地分配表に記録されない。王妃でなく、王の家政組織に属したと考えられる。

商人

シュメール人が石像を造るための閃緑岩を求めたディルムンは、ペルシア湾にあって遠隔地といえるが、商人が交易のために頻繁に訪れた場所である。初期王朝時代とウル第三王朝時代の商人は、古バビロニア時代とは異なり、私的な利益を得るために交易に従事する者ではない。公的経営体(家政組織)の一員として、王や王妃のために働く者である。初期王朝時代ラガシュの文書によれば、商人は、ウンマ、ニップル、ウルクなど近隣の諸都市との交易だけでなく、デールや、エラム地方の諸都市、さらに遠くディルムンに赴き、銀や穀物との交換で銅や錫《すず》、品種改良用のためのロバや牛、それに家政組織の人員を補充するために奴隷を買ってきた。

商人が、ラガシュの王妃から委託されたディルムンの王への贈答品、大麦、エンメル麦、香油などを持って行った記録と、逆のディルムンの王妃からラガシュの王妃宛の贈り物の記録もある。先にラガシュの王妃がアダブの妃とのあいだで相互に贈答することで、王の役割を補完して外交の一部を担っていたことを述べたが（第八講）、王妃は、遠隔地であるディルムンでの商取引を円滑にするために、安定した関係を築くことに腐心していたのであろう。

理髪師

現代語訳では連想できない職務に就く者として、理髪師がいる。理髪師は訳語通りに髪を刈る者だろうが、理髪師を意味する別の名詞キンダを名に含むキンダジ神（「良き理髪師」）は、神殿や寝所を「水で清め、ソーダで清潔にする」ことを役割としており、理髪師は聖所や寝所を浄化する者であった。ウル第三王朝時代には、王の理髪師は、王が定期的に年二度ウルサグリグという町に行くとき、「du$_{10}$-ús のために」随員として同行した。du$_{10}$-ús は王の体を清めるための水を入れる容器と考えられる。銀環下賜の記録では、病床に伏す者に、王が平復を祈って銀環を与えた二例とも、理髪師が銀環を運ぶ役割を果たしている。浄化に関連する役職にあることで使者になったと考えられる。

道化師と聖歌僧

次に、道化師（u$_4$-da-tuš）と聖歌僧（gala）を取り上げたい。第十講で示した初期王朝時代の妃の家政組織の構成員表（一一七頁表10）では、ともに、内廷に所属する者に分類した。聖俗の面からして、道化師と聖歌僧を並べることとは奇異かもしれないが、共通する面があり、そのことを述べたい。

ウル第三王朝時代の文書から確認できるのであるが、道化師は、周辺地域から貢納として持参された熊を引き取っている。多くは子熊であった。道化師が子熊に芸を仕込むのであろう。芸をする動物については、のちの時代であるがテラコッタに猿回しが描かれている。道化師と聞けば、おどけたピエロを思い浮かべるが、前三千年紀メソポタミアの道化師は動物使いと捉えるのが無難かもしれない。

聖歌僧については、神たる王アマルシンのためにウンマに新しく編成された(神殿)組織において、男性五人、女性一〇人、計一五人の聖歌僧がおり、全構成員三五人の四割を占めた。聖歌僧には男性だけでなく、女性もいた。彼らは神たるアマルシンのために朗唱したのであり、それがこの組織の中心的な任務であったはずである。

聖歌僧は王の葬送時に楽器を奏でることもあった。初期王朝時代のラガシュの王ルガルアンダの埋葬に際して、家長の妻や神殿に属する女奴隷とともに、聖歌僧が「泣き女/男」の役割を担っていた。このように、聖歌僧は現代語訳通りに、厳粛な儀式に不可欠な職掌であった。ただし、一般の聖歌僧の身分は高くない。初期王朝時代に父が子を聖歌僧として売った例がある。

ここで取り上げたいのは、ウル第三王朝時代の聖歌僧ダダである。彼は、下級の聖歌僧でなく、聖歌僧の長(gala-mah)であり、王子を女婿《じょせい》とする有力な廷臣である。ダダの活動から、祭りや儀式に朗唱することとは異なる側面がうかがえる。

将軍の家で催された王のための宴で楽器を奏でた女聖楽師たちが、褒賞として銀環を授与されたとき、彼女らの長として聖歌僧ダダがあがっている。ダダの息子たちも、王の宴において歌の朗唱や楽器を奏でたことで、王から褒美の銀環を下賜されていた。ダダの配下が格闘家用の留め金を用意した記録もあることから、聖歌僧ダダは、神々の前での神聖で荘厳な朗唱とはおよそ異質な、ビールが振る舞われ、楽器の伴奏で朗唱がなされるなかで、道化師や格闘家が余興を演じる、少々雑然とした王のための宴を、将軍の家で演出していた。神聖であるべき聖歌僧も、道化師と同じく、宴を盛り上げ、王を楽しませる役割を演じていた。

聖歌僧には、「去勢された人」かどうかという興味深い問題がある。聖歌僧に「去勢された人」がいたことは確かである。古バビロニア時代のマリにおいて、男性の聖歌僧の長が、黒髪を腰まで延ばして、一見女性と見紛う像で表現されており、近代のカストラートのように、歌い手としての特徴を維持するために去勢された人（宦官《かんがん》）であったと考えられる。さらに、「ウルの章旗」に描かれた宴の場で、楽器に合わせて歌う者も黒髪があり、これが聖歌僧であり、女性のように見えるが、去勢された人と捉えることができる。ただし、聖歌僧ダダを含めて、すべての聖歌僧が「去勢された人」であったとはいいきれない。

「去勢された人＝宦官」は、新アッシリア時代の王宮に多くおり、王の手足として働いた。特殊な人々であるがゆえに、門地・身分をもたない彼らは、王に従うことでのみ、その地位を保つことができる。それゆえに、王に忠誠を誓うもっとも信頼できる人々になるのであり、アッシリアの王にとって不可欠の存在になっていた。しかし、それよりはるか昔、前三千年紀のシュメールでは、「去勢された人」は、歌手になるための去勢が知られるのみで、王宮での役割を期待された存在ではない。新アッシリア時代とシュメールの時代では、時代が相違する。

聖歌僧や楽師が使用する楽器についてては、シュメール語の楽器名が史料にあらわれるとしても、多くの場合、楽器を特定するにいたっていない。図像に、弦楽器や打楽器が描かれた場合がある。ウルの王墓から出土した「ウルの章旗」には、竪琴状の弦楽器が描かれ、のちの時代のテラコッタにも、同じく竪琴状の楽器が描かれる。しかし、持ち方が異なる図もある。テラコッタには、バンジョーのような弦楽器、タンバリンのような打楽器も描かれている。

楽器とともに、宴を盛り上げたのが格闘技であった。格闘技としては、レスリング、ボクシング、相撲などが考えられる。ボクシングについては、二人の男が向かい合ってファイティング・ポーズをとるテラコッタがあり、相撲についても、祭具として、裸形の男二人が四つに組んだ相撲の造形がある。王の宴で余興を演じた格闘家が、レスラー、ボクサー、相撲取りのどれであったかは、不明とせざるをえない。

ことわざ

王の家政組織において各種の職業を果たした人々は、庶民とくくれる大多数の人々と同じ生活を送ったはずである。前三千年紀のメソポタミアは王権が拡大強化されるにつれ、社会も変容を余儀なくされた。しかし、庶民の生活信条は、そう大きく変化したとは思えない。社会に生きる人々のあまり変わらない姿をみておきたい。

最初に、シュメール語の『シュルッパクの教訓』に載る金言のいくつかを引用する。

愛の心は家を維持し、暴虐な心は家を破壊する。

祭りのとき、配偶者を選んではならない。

保証人になってはならない。その人はあなたを束縛するだろう。
夜、道を歩いてはならない。そこには良きことも、身を滅ぼすこともある。

『シュルッパクの教訓』は、古バビロニア時代の標準版のほかに、それより古く、初期王朝時代の版が出土しており、長く継承された金言集である。今から四千年以上前にメソポタミアで流布していたのであるが、現代でも十分に通用する。人が都市に生き、社会のなかで生活するための心構えのようなものは、時代を問わず、洋の東西を問わず、同じである。人は、王であったり、軍人であったり、農夫や職人であったり、なんらかの役割を担って生きる。これもまた普遍的な事柄である。

シュメールのことわざは、説明的でないために、当時の言葉使いや常識が理解できなければ、解釈が難しい。動物を主人公にしたことわざがあるが、それも解釈が難しい。そのなかで、動物に対してもつイメージが現代人と一致する場合は、解釈に一定の妥当性が得られる。例えば、シュメールでは、イヌは少し間が抜け、キツネは知恵を働かそうとするけれども小心で、権威に弱い。イソップ物語によって知られたイメージそのままである。むしろ、イソップ物語がメソポタミアの伝承に起源をもつ作品というべきであろう。

シュメール語のことわざ集にはライオンのことわざが集められている。今でもライオンを百獣の王と形容することがあるが、次に示すことわざでも、王や権力者のイメージで語られる。『シュルッパクの教訓』には「権威ある者には服従し、力ある者には身を低くする」という金言がある。円筒印章にも、王であるライオンに捧げ物を奉じる列の外側で、ライオンに殺される動物を描くものがある。そのイメージに基づ

図10　円筒印章に描かれたライオン
出典：Legrain 1936, plate 20, no.384

きながら、日本語訳に続けて、警句や教訓としてとった場合の解釈を示した。

ライオンは、草原で、彼が知る人を食べはしない。〔権力者には昵懇《じっこん》にしておくのが得策〕

ライオンは、懇願を聞き入れる。〔同時に〕すべてを奪う。〔権力者を利用しようとして、利用されるな〕

ライオンが〔料理を準備して〕スープ入れを熱くしているところで、これはおいしくないとだれが言えようか。〔権力者に諫言《かんげん》は難しい〕

ライオンが、飲み屋の亭主をするって。〔ありえない。〕〔気位の高い者が人の機嫌をとれるだろうか？〕

ライオンの前で、肉を食べるって。〔無謀な振舞いだ。身分相応の振舞いをすべし〕

ライオンのことわざは、社会における王や有力者の権威を認め、それに対処すべき身の処し方を教訓的に語っており、処世術としての金言と思われる。次に、ライオンと別の動物があらわれることわざをみたい。

ライオンとイヌ

ライオンが羊牧舎に近づくと、〔護衛の〕犬は、紡いだ羊毛を着る〔隠れる？〕。

ライオンとオオカミ
ライオンが近づいたとき、オオカミよ、おまえはさまようことになろう。
ライオンと豚
ライオンが茂みで豚を捕まえた。彼〔豚〕は鳴き叫ぶ。〔そこでライオンが言うには〕今まで、おまえの肉が私の口を満たしことはなかった。しかし、おまえの叫び声が私の耳を〔満たし〕聞こえなくしたと。
ライオンとキツネ
ライオンが井戸に落ちたとき、キツネが彼のところにきて言うには、私があなたのサンダルをあなたに替わって持って行きましょうと。（知恵を働かせているようで、的はずれ）

庶民は、今と同じく、慎ましく、日々の生活が無事であることを望んだ。都市に住む庶民の生活は、しかし、史料からは垣間見える程度で、多くを知ることはできない。史料となる文書は、王や都市支配者の公的経営体において作製されたのがほとんどだからである。

参考文献

前川和也「古代シュメールにおける家畜去勢と人間去勢」中村賢二郎編『前近代における都市と社会層』京都大学人文科学研究所、一九八〇、一三一～二四四
前田徹「ウル第三王朝時代の銀環下賜と u4 ba-ná-a」『早稲田大学大学院文学研究科紀要』三九-四、一九九四、一九～三四

前田徹「シュメール語文字史料から見た動物」『西アジア考古学』四、二〇〇三、三一～三九
前田徹「ウル第三王朝時代ウンマにおけるシャラ神殿造営」『早稲田大学大学院文学研究科紀要』五三－四、二〇〇八、三三～四四
Alster, B., *The Instructions of Suruppak*, Copenhagen, 1974.
Alster, B., *Proverbs of Ancient Sumer: The World's Earliest Proverb Collections*, Bethesda, 1997.
Legrain, L., *Archaic Seal Impressions*, Ur Excavations 3, London, 1936.

第十三講　食料生産と料理

初期王朝時代ラガシュにおける妃《きさき》の家政組織やウル第三王朝時代の公的経営体に属する者のなかで特徴ある職種を取り上げてきたが、ここでは、家政組織を支える食料生産と、彼らが食する食事や料理について述べたい。

文明は、都市に生活する多くの人を養えるだけの食料生産があって成立する。今から一万年前、メソポタミアにおいて、狩猟・採取経済から生産経済である農耕・牧畜に移行した。前三千年紀のシュメール都市は高度に発達した農耕・牧畜が基礎にあり、加えて、魚の骨がエリドゥ遺跡の神殿から大量に出土しているように、漁業も重要な食料獲得の手段であった。そのほかに、ナツメヤシの果樹園や、タマネギ、ニンニクなどの菜園も組織的に運用されており、全体として各種の生産技術をバランスよく採用していた。

今回の講義では、おもに初期王朝時代ラガシュとウル第三王朝時代ウンマの楔形《くさびがた》文字史料によって、農業、菜園、牧畜、漁業の順で話したい。

農業

メソポタミアの穀物生産は灌漑《かんがい》農耕に依存した。メソポタミアの語義が「両川のあいだ」であるように、シュメール都市文明は、ティグリス・ユーフラテス両大河の河口域に成立した。ただし、穏やかに水嵩を増すナイル川と違って、両川は流れが急であり、常に洪水の危険性があった。そうした条件下で、比較的緩やかな流れのユーフラテス川がもっぱら使用された。シュメールの諸都市が、当時のユーフラテス川の川筋に沿って造られたのはそのためである。ただし、ユーフラテス川の洪水期と農耕サイクルは食い違っており、高度な灌漑技術が必須であった。そのことが逆に、入念な水の管理と、家畜に牽かせた犂《すき》と条播《すじま》きによる耕作を招来し、それらが結びつくことで、高い生産性をもたらした。

初期王朝時代のラガシュや、ウル第三王朝時代のラガシュとウンマから、多くの行政経済文書が出土したが、そこには、直営地の耕作や検地、収穫量計算などの記録のほかに、灌漑用水路の保全や修理のための労働記録をはじめ、耕作に必要な犂の準備と修繕をおこなう工房と、犂を牽く牛やロバを供給する牛飼・ロバ飼の記録が多数あり、都市支配者のもっとも重要な役割の一つが直営地の耕作であったことが知られる。

シュメール語で書かれた『農事暦』は、父が子に一年間の農作業を教える内容であるが、冒頭に記された教訓は、「おまえが耕地をうまく運営したいならば、水路の流れ具合と堤を監視しろ」である。灌漑に左右される農耕であったことを端的に表現する。その対極にあるのが、天水に依存するギリシアである。農事書であるヘシオドス『労働と日』(松平千秋訳)では、灌水に触れない。重要なのは、「時を違えず田を鋤き、種を蒔くこと」なのであり、天水に依存することは、「種蒔きが遅れた時にも、次のような救いがあるかもしれぬ。――ゼウスがその三日目に雨を降らせて下さるとよい、――、そうなれば、種蒔きの遅れた者も、早く蒔いた者に追いつけるかもしれぬ」とあることからも知られる。

シュメール農業の特色の一つが、牛・ロバに牽かせた大型犂の利用である。乾燥地域における人工灌漑の必然として起こる塩害を押さえるため、毛細現象によって塩分を含む水分が地表に上がってくるのを断つ工夫として、大型の犂で深く掘り返す必要があった。小麦でなく、大麦が多く植えられたのも、塩害に備えてのことであったとされている。さらに、地味を維持するために連作を避け、隔年耕作が実施された。ラガシュやウンマでは、耕作すべき耕地と、それと同面積の耕地が休閑地として設定されたことが記録されている。

シュメールでは犂を使って播種もした。ヨーロッパではミレーの「種撒く人」にあるように麦を散布する粗放的な農法であるが、シュメールでは畝《うね》をつくり、犂に取り付けた播種器を使って筋状に播いた。出芽すると、灌水がおこなわれた。『農事暦』によれば、四回おこなうこととされている。「そうすれば多大の収穫がもたらされる」からである。

播種前の整地と収穫時に多くの労力を必要とし、初期王朝時代でもウル第三王朝時代でも各種の人々を駆り出す記録が多く残されている。そのほかに水路を維持することにも注意が払われ、そのための労働集団が別に編成されていた。このように、シュメールでは、我々が知るコメの水田耕作と類似する集約的農法を採用していたといえる。その結果、初期王朝時代の経済文書から知られる収穫量は種籾《たねもみ》の約六〇倍から八〇倍であった。ウル第三王朝時代でも、収穫量が減少傾向にあるが、それでも一五倍から三〇倍を見込んでいた。中世までの西欧において精々数倍、よくて一〇倍までと比較するならば、生産性の高さが理解される。

播種のための人員を記録するウル第三王朝時代の文書のなかに注目すべき記事がある。この文書は、公的経営体の所属員である農夫が四人一チームで記録される。それは一つの犂につく通常の人員であり、なんら問題はないが、この文書の末尾に記された四名の「逃亡者を捕らえる者」が注目される。彼らは逃亡者でなく、逃亡した者を捕縛する者である。夫役《ぶえき》作業は厳しい監視下の労働であったことをうかがわせる。

菜園・果樹園

穀物畑には菜園が付随した。菜園はシュメール語で ki-sum-ma であり、逐語訳では「タマネギ〔が植わった〕場所」となる。タマネギ、ニラなどのほかにも、豆類も育てていた。ただし、品種が特定できないことのほうが多い。

園丁はナツメヤシの管理にもあたっていた。初期王朝時代、ルガルアンダの妃バラナムタルラと王女ゲメナンシェに仕える園丁それぞれが、ナツメヤシ、リンゴ、イチジク、ブドウ(?)を納入した記録がある。

ブドウについては注釈が必要である。ブドウの原種・原郷はコーカサス地方にあるといわれており、ブドウ栽培とワイン生産は、エジプトやシリアなど地中海沿岸で盛んになった。しかし、ペルシア湾にそそぐユーフラテス川下流域のシュメール地方では、気候が適せずブドウは栽培できなかったとされている。

先にあげた園丁が納入するブドウ(?)とはシュメール語 geštin の訳である。この語がブドウ、ワインの意味に使えることは確かであるが、前三千年紀のシュメールで、geštin がブドウ、ワインの意味で使われたかどうか、議論があり、意見が分かれている。

シュメールで、ワインが飲まれることがあったとしても、それはおもにシリア方面からの輸入であったと考えられている。ただし、ワインを飲むのは上層の人々の習慣であり、通常、庶民の飲料はビールやナツメヤシからつくった酒であった。

ナツメヤシについては、ウル第三王朝時代には、ナツメヤシ栽培を重視しており、ナツメヤシの木、一本一本の収穫量を調査し書きとめた記録が多く残されている。ナツメヤシの実はそのまま食べることができるが、酒も造られた。木材が乏しいシュメールでは、有用な樹木であり、幹や葉は、建築材料として、またロープ用として、多様に利用された。

牧畜

エジプトもメソポタミアも穀物栽培と並んで家畜飼育が主要な生業であった。牛は、乳を搾り、バター・チーズなどの乳製品をつくるのに利用された。ウル第三王朝時代では、バターの価格がチーズの一五倍になっている。当時のチーズとは、牛乳を攪拌したあとの残りから造られたのであり、現在西アジアでいうところの kišk に該当するとされている。当時のチーズがバターに比べて安価であるのは、こうしたことによる。食肉用としての用例は少なく、祭りなどで共食する程度で一般化していなかったのかもしれない。牛は、耕作用として犂を牽かせることも重要であった。

大型家畜としては、ロバも飼育されていた。ロバは、牛と同様に犂を牽くことでも重宝であったが、戦車や王族の御座車、それに荷車などの車を牽くためにも利用された。ウマの利用は、ウル第三王朝時代でも一般化していなかった。

小家畜では、羊・山羊が主要な家畜であった。妃の家政組織では、羊と山羊の牧夫が分かれていた。羊の牧夫は、さらに、羊毛用と食用の羊の牧夫に分かれていた。食用としては、神に捧げる犠牲としても重要である。羊毛は織物工房において女労働者の手で織物に仕立てられた。羊の毛だけでなく皮も利用された。羊・山羊の皮が皮鞣《かわなめし》工に与えられた記録があり、皮袋などに加工されて利用された。

豚も飼育されていた。利用の面では、牛や羊と異なり、神々に供することは多くない。そうであっても、豚肉のタブーはなく、食べられていた。豚肉を食べることがタブーとされるようになったのが、いつからかは不詳である。

豚には、食料よりも別の用途が重要であったと考えられる。ウル第三王朝時代の文書によれば、体に塗る油脂としての利用、例えば、豚の油脂が、日光から皮膚を守るため塗油として労働者に支給されたり、病人の体に豚の油脂を塗り、治療のためにビールを飲ませた事例がある。皮鞣しや織布染色用にも、豚の油が使われた。こうした利用法からみて、豚から油脂をとることが飼育目的の一つにあったことは確かである。そのためか、豚飼育はほかの家畜の飼育と相違して、織物や製粉と同様、女子の家内労働とみなされていた。初期王朝時代の妃の家政組織では、男性の豚飼のもとに女性の下級労働者が組織されていた

(一二二頁表10)。

漁業

メソポタミアでは、魚も主要な食料の一つであった。シュメールの地はペルシア湾口の沼沢地に接し、魚が豊富な川、海、沼があり、漁猟が盛んであった。神々への奉納を描く図には、穀物、家畜の奉納に加えて、魚の奉納が多く描かれる。奉納に際しては、生魚とともに干し魚が持参された。ウル第三王朝時代には、塩処理をした魚も持参された。

初期王朝時代ラガシュの文書によれば、漁師は、都市内でなく、彼らだけの村をつくり、海の漁師と淡水の漁師に分かれて各地に住んでいた。彼らは、祭り用に大量の魚を奉納した。ある記録では、一カ月に奉納した各種の魚が合計三〇一五匹とあり、別の記録では、課された奉納の残り分(不足分)として、計一万三五五〇匹が計上されている。

スポーツ・娯楽としての狩猟

漁業や鳥の捕獲は、狩猟時代の名残かもしれない。前七〇〇〇年頃から、穀物栽培と家畜飼育が経済の中心になるとともに、それ以前の主要な生業であったロバやオナガーなどの狩猟は消滅した。ただし、王が野生の動物を狩る行為は、その後も王の儀礼の一つとして、またスポーツとしておこなわれた。エジプトでは、壁画に、野牛、ライオン、カバ、ワニなどの狩りが色彩豊かに描かれており、メソポタミアでは、浮彫壁画にあるように、ライオン狩りが、アッシリア時代まで存在した、もしくは復活した。

ウル第三王朝時代、軍団を指揮する将軍は、犬の飼育人とともにライオンの飼育人をかかえていた。飼育人は、ライオンに飼料として一日当りの量を定めてパンや麬《ふすま》を与えていた。それとは別に、牛・ロバや羊・山羊の肉を与えることもあった。ライオンを王宮に連れていった記録や、王の前にいるライオンに山羊が差し出される記録があるように、王のためにも飼われていた。王のために飼育されたライオンが、王がおこなう儀礼としてのライオン狩りのためであったかどうかは不明である。

料　理

初期王朝時代ラガシュでは、家政組織の所属員に大麦が毎月支給された。支給される大麦は日々の糧を保証するものであり、主食は大麦であったといえる。それは、ウル第三王朝時代でも同じである。この時期になっても、初期王朝時代と同様に、定期支給は大麦そのもので、加工した穀粉やパンではない。パンや穀粉は、特別の祭りのときか、異国からきた人々など、限られた機会に支給された。

当時、何をどのように食べ、飲んだのか。そして、どのように調理したか。興味深い問題であるが、日々繰り返される日常の出来事ほど、記録に残らない。ボッテロが紹介した調理法を記した粘土板文書があるが、それは前一千年紀のものであり、前三千年紀のシュメール人の料理・調理法はよくわかっていない。

シュメールの教訓詩に『学校生活』と名づけられた作品がある。「いい生活をしたければ学校に行け」

「怠けるな」「街中で遊ぶな」と、学習に励めという教訓であるが、子が、親に「弁当」をつくってくれるように頼んでいるので、生徒たちは朝出かけるとき弁当持参であり、夕方近くまで、文字を習ったと考えられる。食事は一日に二度以上であったと考えられるが、それを明示するシュメール語史料はない。

旅に出る伝令などに与えられたのは、パン・穀粉とビール、それにタマネギなどであり、それらがシュメールにおける食事の中心にあったと考えられる。シュメール人の食事を考えるとき、神々に献納したものが参考になろう。初期王朝時代ラガシュにおいて、月名に応じておこなわれた祭り、例えば、「大麦を食する祭り」や、「麦芽を食する祭り」「バウ神の祭り」などで、神々に供せられるのは、穀粉、ビール、油、ナツメヤシ、エンメル麦と酪乳（の混合物か）、果実酒（ワイン?）、魚、牛、羊、チーズなどであった。穀粉とビールのほかにもさまざまのものが供せられており、それによって王族などの食卓に何が並んだかが想像できる。魚の形をしたパン型や、うずくまるライオンの菓子型が、マリから出土している。これらも、食卓や宴などに彩りを添えるものであったはずである。

ムンガジ

初期王朝時代にはないが、ウル第三王朝時代には、ムンガジ（mun-gazi）というくくり方が記録されている。mun は塩、gazi は桂皮もしくは芥子とされている。料理に欠かせない調味料の意味で我々が使う「塩と胡椒」と同じ使われ方と考えられる。ムンガジにくくられるのは、塩と香辛料で連想されるよりも多様である。ヒメウイキョウの種子、サフランの種子、カブ、レンズ豆、タマネギ、クミン、各種の魚、野鳩、鴨のように、香辛料から魚や鳥までが並んでいる。これらを用意したのが、タマネギ（畑）の人、林管理人、菜園管理人、果樹園管理人、漁師である。ほかに、畝のムンガジとしての豆を用意した直営地耕作人がいた。彼らは、さしずめ、我々が食する枝豆のように、畝に育った豆類を持ってきたのかもしれない。ムンガジをウンマからニップルに運ぶとき、同じ船で果物が運ばれた記録がある。食卓を賑わす品々の輸送なのだろう。

ムンガジは、耕地で収穫された豆類を「畝のムンガジ」と呼ぶように、耕地の収穫物について使用されることがある。別の耕地での作業記録では、ムンガジとあるところを「タマネギ（sum）」と書く例がある。菜園に植えられたタマネギや豆類は、そのまま食料にもなるが、それとは別枠で、調味料に使うために生産されていたのであろう。

さて、ムンガジの会計簿に記録される香辛料や魚・鳥は、ボッテロが紹介した調理法・レシピにも登場するので、ムンガジは、料理用の調味料とそれに付随するものと考えてよさそうである。先にあげた初期王朝時代の神々への奉納品には、穀粉、ビール、ナツメヤシ、魚、羊などが並び、どのように調理・料理したかを想像させるものはない。それが、ウル第三王朝時代になると、ムンガジのように、調理・調味用の食材が記録されるようになった。燃料となる葦束を「パンを焼き、スープを料理するために」という定型句で表現することは、初期王朝時代になく、この時期にあらわれる。神殿建立の作業に従事する者には、従来の支給を踏襲したパン・穀粉だけでなく、スープ・粥（tu₇）が記録される。調理されたスープ・粥の支給も、一定の条件のもとで一般化していたのであろう。

ウル第三王朝時代に、調理・料理が意識されたことは、最高神エンリルの神殿がある重要な都市ニップルに運ぶために、ムンガジや油など各種の調理・調味のための材料を調達する役職がウンマにあり、それらを王の料理人に供給していた記録があることからも知られる。

それに呼応するように、ウル第三王朝時代ウンマの公的経営体で働く女奴隷は、初期王朝時代同様の機織りと穀粉作りに二分されるなかで、穀粉作りの女には、ムンガジの女と胡麻砕きがおり、ムンガジが調理に重要な位置を占めるようになっていたことを想像させる。油には、魚油、バター、豚の油脂、胡麻油などがあった。ウル第三王朝時代には、胡麻栽培を専らにする胡麻栽培の農夫(engar giš-i)がいた。耕地の利用が穀物に限らず、野菜や調味料になるものの生産にも活用されるようになっていたのである。

参考文献

中近東文化センター編『古代中近東の食の歴史をめぐって』一九九四

ヘーシオドス(松平千秋訳)『労働と日』岩波文庫、一九八六

ボッテロ、J.(松島英子訳)『最古の料理』法政大学出版局、二〇〇三

前川和也「古代シュメール農業の播種技術」『西南アジア研究』三八、一九九三、四四～五五

前川和也編『図説メソポタミア文明』河出書房新社、二〇一一

前田徹「ウル第三王朝時代の労働集団について――ウンマ都市の耕作集団」『日本オリエント学会創立二十五周年記念オリエント学論集』刀水書房、一九七九、五八一～五九八

前田徹『都市国家の誕生』(世界史リブレット1)山川出版社、一九九六

Civil, M., *The Farmer's Instructions. A Sumerian Agricultural Manual* (Aula Orientalis Supplementa 5), 1994.

Maeda, T., "Three men of a gang for plowing and four men for sowing", *Acta Sumerologica* 17, 1995, 329–337.
Maekawa, K., "Cultivation of legumes and mun-gazi plants in Ur III Girsu", *Bulletin on Sumerian Agriculture* 2, 1985, 97–118.
Röllig, W., *Das Bier im alten Mesopotamien*, Berlin, 1970.
McGovern, P. et al. (eds.), *The Origins and Ancient History of Wine*, Philadelphia, 1997.

第十四講　初期王朝時代の行政経済文書

ラガシュの行政経済文書

前回まで、前三千年紀シュメールの家政組織や人員や生産・料理などについて述べてきたが、それは、ラガシュやウンマの行政経済文書に依拠している。一九世紀からの発掘によって出土した粘土板文書のほとんどが行政経済文書であるように、前三一〇〇年頃に文字が発明されたのは、日常的な経済活動を記録するためと考えられている。文学作品も残るが、初期王朝時代のものでは教訓詩、呪文などに限られ、シュメール語で書かれた神話、叙事詩などは、古バビロニア時代以降の写本がほとんどであり、それ以前のものはまれである。

詳細を述べることはできないが、シュメール語の文学作品は次のように分類される。日本語で読めるものとしては杉勇訳編『古代オリエント集』(筑摩世界文学体系1)があり、そこにあがる作品を示すにとどめたい。

神話　「人間の創造」「農牧のはじまり」「洪水伝説」「エンキとニンフルサグ」「イナンナ神の冥界下

り」「ドゥムジとエンキムドゥ」
叙事詩　「ギルガメシュとアッガ」
讃歌　「イナンナ神の歌」「ババ神讃歌」「シュルギ王讃歌」「グデアの神殿讃歌」
哀歌　「ウルの滅亡哀歌」
教訓詩（知恵文学）　訳出作品なし
格言・ことわざ　「シュメールの格言とことわざ」
論争詩　訳出作品なし
祈禱　「ナンナ神に対する手をあげる祈禱文」
呪文　「悪霊に対する呪文」

行政経済文書は、文学作品を数量で圧倒するとともに、当時の社会や経済を知るための第一史料である。文字が発明された当初の絵文字的な段階、古拙的な文書の段階をへて、前二三〇〇年頃のラガシュでは整った形式で行政経済文書が書かれるようになった。今回、対象にするのは、初期王朝時代のラガシュ文書である。最初に、この時期の文書の一つを示す。

それは、商人ディウトゥが、王妃から預かった銀一〇マナ（約五キロ）と羊毛三〇〇マナ（約一五〇キロ）を持って、遠くペルシア湾内のディルムンに行き、そこで銅と錫を購入した記録である。購入したのは、「合計一三五〇マナ（約六七五キロ）の銅、二七と二分の一マナ（約一四キロ）の錫」である。銀との交換比率は、錫では、銀一ギンで五と二分の一（kù gin-1-a, nagga 5 1/2-ta）であり、銅は銀一ギンで三マナ一五ギン

〈kù gín-1-a〉, a-EN-da urudu 3 ma-na 15 gín-ta〉であった。一マナは六〇ギンであるので、三マナ一五ギンは一九五ギンとなる。錫は、銅の約三五倍の価格で取引されるほどに高価であった。

この文書にあらわれる動詞に注目すると、ディルムンに行くときは、「持っていったba-túm」とあり、ラガシュの王妃のもとへは「持ってきたmu-túm」と表現する。同じ動詞túm（「運ぶ」）が使われ、動詞前綴りba-とmu-によって、「持っていった」「持ってきた」という方向の差を示した。倉庫に運ぶことも、王妃から離れていくので、ディルムンへ運ぶと同様に「持っていったba-túm」と表現される。全体として整った形式の文書であるにしても、日常的な言葉で書かれており、システムとしての会計簿の意識に乏しかった。それは文書の内容にも反映する。

記録は冒頭部分に「一〇マナの銀、三〇〇の銅、買付用である（níg-šám-ma-kam）、商人ディウトゥが持っていった。そのなかから（šà-bi-ta）」とあるように、収入と支出の二項に分かれる。しかし、明確な収支計算をおこなっていない。合計されるのは商人が買ってきた銅と錫の数量だけであり、買付けに要した銀と羊毛についての収支を計算していない。

数量をみると、ディルムンに持っていった一〇マナの銀はすべて使われた。一方の羊毛は、三〇〇マナを持っていき、使ったのは一五〇マナであるので、一五〇マナが残るはずが、それを記した収支差額の項目がない。「計算したníg-ŠID-bi e-ak」とあっても、ウル第三王朝時代のように収支差額を算出することなく、収支計算書としては首尾一貫していない。

この文書が記録するのは、ディルムンで買われた銅と錫が、王妃バラナムタルラのもとに届けられ、倉庫に収納された事実である。初期王朝時代ラガシュの文書は会計簿の形式としては不完全であるが、それは経済活動を個別的に記録することに主眼があったためである。実際に王妃の手元に届いた銅や錫の記録としては、十分に意味をもつ。買付けに要した銀と羊毛も、必要があれば、個別に計算して、記録すればすむ。

つまり、初期王朝時代ラガシュの会計文書は、経済活動の必要とする局面を定め、個別的に記録することに主眼をおいた。所属員への各種の支給記録、直営地耕作記録、神々への奉納記録、すべてが、整った形式で書かれた個別的な記録である。収支差額を計算しない個別記録であっても、経済活動を記録することにおいて十分に機能するのである。

初期王朝時代ラガシュのエミ文書は、整った形式と内容において、同時期のほかの都市国家ウンマやシュルッパク出土の文書をはるかに超えている。なぜ時代を先取りするような文書がラガシュにおいて作成できたのか。その疑問に対しては、次のような答えが考えられる。引用した文書を残したのは、妃《きさき》の家（エミ）である。この商人文書が記されたのはルガルアンダ治世であるが、彼の父エンエンタルジ治世には、いまだ、妃の家政組織（公的経営体）は独立しておらず、ルガルアンダ治世になって支配者の組織から分離し、急速に体制を整え、巨大化した。そのことは、第十講で述べたように、前川和也氏がはじめて指摘したことであるが、エミという新しい組織の体制作りに対応する整った形式の文書作成が要請された結果であると考えることができる。

エミ文書は、当時の経済活動や組織のあり方を理解するときの史料として役立つ。エミ文書にある定期大麦支給の記録では、妃の家政組織の所属員を三分し、それぞれに、受給者とその職、支給大麦量を記し、その総量と、その年の何度目の支給かを明示するので、支給の実態を十分に把握できる。形式も一定しており、それらの文書を並べて比較することで、経年変化を追うことができる。こうした記録の特質を生かし、山本茂氏は定期大麦支給の記録から組織構造を解明した。今回の講義では、初期王朝時代ラガシュの行政経済文書を、直営地にかかわって、(1)犂《すき》耕用家畜の準備、(2)収穫作業、(3)耕作にかかわる灌漑《かんがい》用水路工事と、(4)所属員に与えられたクル地支給の、四例に絞ってみていきたい。

犂耕用家畜の準備

妃の家政組織を経済的に支えた直営地には、専業の直営地耕作人(sag-apin)がおり、牛やロバに牽かせた犂を使っての耕作をおこなっていた。彼らが保有する家畜は、王、もしくは家政組織の長(ヌバンダ)が、農作業が始まる直前に点検し、記録した。初期王朝時代のエミでは、直営地耕作人は四人であるが、ウル第三王朝時代のラガシュでは、五〇〇人近い直営地耕作人がおり、保有する三〇〇〇頭ほどの犂耕用の家畜(牛、ロバ)は、初期王朝時代と同様に、農作業開始直前に点検されていた。ウルの王も、統一暦二月「gu$_4$-si-su 牛を整える月」に、ニップルにおいて、gu$_4$-si-su 祭を主宰した。初期王朝時代のラガシュでも同様の牛を整える祭りがあり、農作業開始時期の耕作用家畜の点検と祭りが、時代を超えて連綿と受け継がれていた。

初期王朝時代の犂耕用家畜の点検文書では、直営地耕作人が保有する家畜を、登録簿に載る家畜と、新しく保有することになった去勢された若い家畜に二分して記録する。「耕作牛の登録簿におかない」と書かれる場合があるように、犂耕用家畜の登録簿が存在したのであり、文書による管理がおこなわれていたことが注目される。

新規に保有された家畜は、次年度において登録簿に載る家畜となる。新規保有の若い家畜に記載はないが、登録簿に載る家畜は、目にかかわって、正常、一つ目、両目とも見えないと注記される。目の障害は、犂耕の過程で生じたのだろうし、家畜の運用において、目の障害がもっとも配慮すべき事柄であったのだろう。

収穫

直営地の収穫作業は、当時の暦で年末から年始にかけておこなわれ、刈取と打穀、そのあとの倉庫納入という一連の作業として記録された。王妃が所有する九直営地すべてについて、耕地の面積、収穫量、一イク面積当りの平均収穫量を記録する文書がある。その文書の末尾には、直営地の総面積九八七イク、収穫穀物総量六七八〇グル六六シラと集計されており、一イク当りの収穫量、六グル一二〇シラも計算されている。収穫に関して十全な記録である。

ところで、江戸時代の日本では、所領を土地面積でなく米の収穫量を基準とした石高で示していた。米一石とは、成人一人が一年間に必要とする量とされている。シュメールでも、成人一人が一年間に必要とする大麦は一グルといわれている。一人を一年養える穀物量を基準にして、エミの経営体としての規模を石高制の所領と比較すれば、初期王朝時代ラガシュにおけるエミの直営耕地からの収穫大麦六七八〇グル六六シラは、約六七八〇石になる。この石高は大身旗本の所領規模である。閑話休題。

さて、こうした集計文書の原簿になったのが、耕地ごとに記録された打穀文書である。打穀文書は従事した者とその穀物量を記すが、耕地面積を記さない。集計文書に載る耕地面積は、打穀文書からでなく、別の検地文書を原簿として記載された。

収穫作業は、収穫穀物を倉庫に運び込むことで終了する。一連の作業のなかで、打穀と倉庫納入、それぞれの段階で作成された文書のあいだで数値が一致しないおもしろい例がある。ルガルピリグトゥルなる人物が打穀した穀物は一六八グルの大麦と九八グルのエンメル麦であったが、彼が倉庫に納入したのは、一六五グルの大麦と九五グル三六シラのエンメル麦であった。不足となる三グルの大麦、二グル一〇八シラのエンメル麦は、別文書に記録されている。

> 残高〔不足分〕三グルの大麦、二グル一〇八シラのエンメル麦。ヌバンダのシュブルが、エキサルラ倉庫に運ばれた穀物について、エバッバル神殿のサンガであるルガルピリグトゥルと文書を交換し（DUB e-da-bal）、彼の負債とした（gú-ne~gar）。

この文書によれば、妃の家政組織の責任者（ヌバンダ）であるシュブルは、未納分が発生した事実を記した文書を作成して、文書を取り交わすことで、穀物を運び入れたルガルピリグトゥルが不足分の返却義務を履行するように要求した。債務証書ともいうべき文書が作成されていることから、初期王朝時代のラガシュで、すでに文書主義による経済活動の掌握が十分に機能していたことがうかがえる。

灌漑水路工事

シュメールの農業は、灌漑農耕に特徴がある。灌漑用水路での作業記録は、作業をすべき箇所の確定、担当者への配分、実施された作業の確認、それぞれの段階で作成された。作業に従事するのは、「クルを定められた人」であり、表10（一二一頁）で示した構成員の(1)から(7)に分類された人々である。その表の(8)と(9)に分類された下級労働者に義務はなかった。仕事は、面積でなく、長さで記録された。鍬《くわ》を使った掘り仕事などの作業では、一ギ（三メートル）以下の長さであるが、それより軽い作業である除草や除泥では、担当する長さが二ギ（六メートル）から五ギ（一五メートル）と増えている。

作業前に作成された測量文書の一つは、測量を、エミ（妃の家）の城壁から始めて、「おこなうべき運河（の場所）」と、「実施しない運河（の場所）」に分けて記録する。予定された作業区画では、作業を各人に配分したことも記録されている。幸いなことに、この箇所に対応した作業終了後の記録がある。その記録では、各人に配分した作業の総延長は予定した長さと同じであるが、各人の作業には差がある。予定された作業よりも一ギ少ないのが三人、二ギ少ないのが一人いる。合計で五ギ少なくなっている。それを埋めるように、割当の予定がなかったヌバンダ職のエンイグガルが五ギの仕事を果たした。予定通り仕事ができなかった者の不足分を補うように、工事の責任者であるエンイグガル自身が、五ギの仕事をおこなったのである。実測して作業場所と作業者を定めても、実際そのとおりにおこなえない場合もある。予定記録と実際におこなわれた作業の二つの記録があるのはそのためだろう。

クル地支給

妃の家政組織は、所属員に、クル(封地)の名目で耕地を支給した。クル地についても、運河工事と同様に、配分すべきクル地を見積もった予定書が作成された。見積文書を作成することは、文書主義による経済活動の掌握という面で一歩前進といえる。ただし、初期王朝時代の予定・見積りは、特別の様式があるわけでなく、動詞を完了形でなく、未完了形で表記することで示した。

未完了形で「ダギルダ耕地において割り当てられるクル地、ヌバンダ職のエンイグガルが彼らに与える」と書かれた予定文書があり、同時に、対応する同年の「ダギルダ耕地において、ヌバンダ職のエンイグガルが与えた」と完了形で書く文書も残されている。二つの文書から、予定された面積と実際に支給された面積とが比較できる。多くの場合、面積は一致する。しかし、三人(ギニム、ニタジ、エンナンガレ)については、予定では六イクとなっているのに対して、実際の支給では、倍の一二イクが二人、一人が一二と三分の二イクになっている。倍の一二イクとあるのは、彼らが六イクのクル地のほかに、六イクの小作地も受給しており、それを合わせて区画したためである。この三人については、実際に支給した耕地の二辺の長さが計測されている。

堀の端において、底辺二二七ギ、高さ二二ギ、その耕地は一二イク。二分の一イクの打穀場は算入しない。カシャカン職のギニム(に支給された耕地)。

底辺二一八ギ、高さ二二ギ、その耕地は一二イク、サギ職のニタジ。

底辺二〇四ギ、高さ二五ギ、その耕地は一二と三分の二イク、ルエニガ職のエンナンガレ。

二〇ギ四方が一イクの面積になるので、ギニムが保有する耕地を二二七ギと二二ギの四辺形とすれば、その面積は一二・四八（約一二と二分の一）イクである。ほかの者についても同様の計算がなされている（218×22÷400=11.99; 204×25÷400=12.75）。ギニムのために測量した耕地は一二と二分の一イクの面積であった。それは、ギニムが受領した一二イクの耕地と、彼の持ち分ではない二分の一イクの打穀場を合計した面積である。支給された耕地は、短辺と長辺の比が一対一〇という極端に細長い形状であった。

各人に支給される予定のクル地は、なんらかの基準に従って一、二、四、六イクと差をつけて支給された。差があるにしても、支給耕地の予定面積はイクの単位としては整数であり、イクより下のサルの単位まで書かれることはない。一方、実際に支給されたクル地の面積は、エンナンガレが一二と三分の二イクを受領したように、イクより下の数値を記録することがある。耕地の状態を把握するための検地記録でも、イク以下の端数を記録する。検地文書の一つは、「アマゲシュティンナ神の神官ルガルアルシャの耕地から」と書き出し、途中にも、「ドゥムジ神の丘から」「二つ目のイムヌン」「三つ目のイムヌン」のように位置関係を明示しながら、クル地や小作地の受給者を記録する。そこではイク以下の単位まで書かれている。さらに、「直営地から分け与えられた〔耕地〕」のように、もともと直営地であった土地を所属員に分配したという注記もある。現状を正確に、そして詳細に掌握するための記録が、検地文書なのである。

以上のように、王妃の組織は、諸活動の必要とする局面を定めて文書を作成していた。初期王朝時代のラガシュ文書が実態を反映した良質の史料であるのは、こうした文書主義が浸透していたからである。

参考文献

杉勇ほか訳編『古代オリエント集』（筑摩世界文学体系1）筑摩書房、一九七八（杉勇ほか訳『シュメール神話集成』筑摩文庫、二〇一五）
前川和也「古代シュメールにおける農業生産――ラガシュ都市を中心として」『オリエント』九‐二、一九六六、一七〜六一
前川和也「ウル第三王朝時代ギルスにおける耕地片・耕地ユニットの形状」藤本勝次・加藤一朗両先生古稀記念会編『中近東文化史論叢』一九九二、一九三〜二四七
前田徹「Sipa-amar-šub-ga について」『古代文化』二九‐二、一九七七、一〜一二
前田徹「初期王朝時代末のエミに於ける運河工事に就いて」『オリエント』一九‐二、一九七七、一〜一六
前田徹「エミに於けるクル地支給について」『広島大学文学部紀要』三七、一九七七、四六一〜四七六
歴史学研究会編『世界史史料1』岩波書店、二〇一二

第十五講　ウル第三王朝時代の行政経済文書

収支計算書

前回取り上げた文書が作成された初期王朝時代から約一五〇年のちのウル第三王朝時代、とりわけ、第二代の王シュルギのとき、統一王朝にふさわしい統治制度が整備された。その一つとして、支配下諸都市から王への会計報告を義務づけ、同一の会計システムによる文書の作成を諸都市に課した。会計簿の用語と様式が整い、各種の会計文書が大量に作成された。

ウル第三王朝時代に登場した新規な形式の会計簿が、収支計算書(nig-ŠID-ak)である。収支計算書とは、収入・支出・収支差額の三項目からなり、期日を限って収入の総計と支出の総計を計算し、その収支差額を計上する会計簿である。初期王朝時代との大きな相違を、会計簿の様式が定まったかどうかでなく、収支を計算し、収支差額を明示する会計簿の出現に求めることができる。

不足の意味が現在と逆になるが、支出が収入に比べて少ない・不足する(la-i)場合の残高(繰越)と、支出が収入を超える(diri)場合の赤字は、次期の収支計算書で処理される。例を、羊・山羊とその産品であるチーズと羊毛の収支を計算した文書にとれば、冒頭部分の収入の項目には、前年からの繰越分である羊と羊毛、それにチーズの量が書かれている。一方、文書の後半、支出項目の最後で、前年に赤字となった山羊とその毛の量が記されている。つまり、羊・羊毛・チーズでは前年からの繰越分があり、それを今期の収入として記載し、山羊とその毛は、前年度赤字であり、それを補塡するために支出項目に計上した。このように、収支計算書とは、連続して作成されることを前提とした会計簿の形式である。

商人シェシュカルラの文書は、連続して記録された収支計算書の好例となる。アマルシン四年の収支計算書(Ledger 6)では、末尾に「残高四と二分の一ギン一二シェ(の銀)」とあり、この残高(繰越分)が、アマルシン五年の収支計算書(TCL 5 6056)の冒頭部分に「四と二分の一ギン一二シェ(の銀)アマルシン四年からの繰越」と転載された。さらに、この文書の末尾に記載された「残高一マナ一と六分の一ギン二一シェ(の銀)」も、翌年アマルシン六年一一月締めの収支計算書(NISABA 6, 2)の冒頭に、アマルシン五年の繰越として転載された。

Ledger 6 (AS 4)　(支出)合計一マナ一一と六分の五ギン二二シェ

残高四と二分の一ギン一二シェ

TCL 5 6056 (AS 5)　四と二分の一ギン一二シェ　アマルシン四年からの繰越

残高一マナ一と六分の一ギン二一シェ

NISABA 6, 2(AS 6 xi)　一マナ一と六分の一ギン二一シェ　アマルシン五年からの繰越

残高一マナ九と二分の一ギン一〇と二分の一シェ

		AAICAB 1911 - 485		
		労働日		
収支計算書 níg-ŠID-ak		残り（繰越）	超過（赤字）	ugula
Erlangen 1	níg-ŠID-ak lú-ša$_6$-ì-zu		240 1/6	lú-ša$_6$-ì-zu
<　>		506 1/6		ur-^{d}nin-tu
TCL 5, 5670	níg-ŠID-ak ur-^{d}šára ugula kikkin	620 1/6		ur-^{d}šára
NISABA 11, 29	níg-ŠID-ak lú-bal-sig$_5$	971		lú-bal-sig$_5$
TCL 5, 5668	níg-ŠID-ak dingir-ra-ka, á géme-ka	959 1/2		dingir-ra
<　>		3 1/2		^{d}šára-za-me
	合計	3060 1/3	240 1/6	
		赤字・繰越　穀粉（所）の長たちの女奴隷の労働力		

表11　粉挽女集団の繰越・赤字集計文書

継続して書かれた収支計算書が、会計運営における時間的な連続性を保証した。さらに、同時期に作成された収支計算書を集計することで、会計の全体を見通すこともできる。一つの例として、ウンマにおける粉挽《こなひき》女集団の収支計算書を取り上げる。

ウンマ市区にある製粉所に属した六隊の粉挽女集団は、おのおの収支計算書を作成していた。六隊の収支計算書の末尾に書かれた収支差額だけを抜き出し集計したのが表11に示した文書である。そのなかの四隊については、原簿となった収支計算書が残されている。収支差額分を集計するのであるから、会計責任者は、作成された六つの収支計算書を並べて、全体の収支差額を把握しようとしていたといえる。つまり、個別的な記録である収支計算書を集めれば、経済活動の全体が掌握できること、さらには、経年的変化を追うことで、活動の趨勢《すうせい》が理解できる。このように、収支計算書は、会計システムの要になる会計簿である。

初期王朝時代にはなかった新規な様式、収支計算書は、作成にあたって、どのような工夫がなされたのだろうか。シュルギ四八年に作成された粉挽女集団の労働力計算書(TCL 5, 5669)を取り上げ(表12)、工夫の跡を追いたい。先に触れた六隊の粉挽女集団はウンマ市区の製粉所に属するが、ここで取り上げる文書は、ウンマ市区でなく、別のアピサル市区にあった製粉所の粉挽女集団の収支計算書である。比較的小さな粘土板であるが、収入、支出、収支差額という三区分による典型的な収支計算書の形式で書かれている。

収支差額に注目すれば、収入の項目にある「その労働力一万二九六〇日」から、支出の「合計一万二三六五と三分の一労働日」を差し引いたのが、「残り五九四と三分の二労働日」であり、それは次期の会計簿に繰り越される。この年シュルギ四八年の収支差額は黒字であり繰越になったが、前年四七年はそれと異なり、支出が収入を超過する赤字であったので、それを補填するため、支出の項目に、「シュルギ四七年の会計簿の赤字分」三五二と二分の一日が計上されている。

この収支計算書を例にとって、ウル第三王朝時代の会計簿にみられる三つの特徴、会計簿上の一年、労働日(man-day)、それに休日についてみていきたい。

会計上の一年と暦日の一年

最初に会計簿上の一年であるが、ウル第三王朝時代の会計簿は、一カ月三〇日として、一二カ月の平年は三六〇日、閏月《うるうづき》をおく年は一三カ月三九〇日で計算した。表12の収支計算書でも、冒頭の収入部分に、「三六人の女奴隷、収穫の月（一月）からドゥムジ神の月（一二月）まで、その労働は一万二九六〇日」とあり、シュルギ四八年の一二カ月の可働労働総日数を、三六人が一カ月三〇日を一二カ月（36×30×12=12960）働くとして算出している。

実際の暦日は、月の満ち欠けに応じて、二九日の小の月と三〇日の大の月があって、ほぼ、一年は三五四日前後であった。会計簿において一カ月を一律に三〇日とすることは、記録の簡素化をめざした処置であったと考えられる。

実際の暦では、二九日で終わり、三〇日目のない小の月があるのに対して、一カ月を三〇日とするのであれば、実際の一年の日数と会計上の日数とに差が生じ、常に会計上の日数が多くなる。その差を、ウンマでは「〔暦日より〕長くなった日 u_4-dè-gíd-da」、ラガシュでは「一カ月から引く〔べき日〕itu-dè lá-a」として別に計算して、記録に残した。「〔暦日より〕長くなった日」のような計算が必要なのは、実際には支出されなかった穀物などを、次年度の会計簿に繰越として記入するためである。

労働日

粉挽女の労働力が、人数に日数を掛けて計算されたように、ウル第三王朝時代の会計文書は、ストゥルーヴェが指摘したように、初期王朝時代になかった労働日（man-day）の概念を導入することで、会計システムとしての合理性を高めた。労働日とは、一人が一日働くことを一単位とするものであり、日数とし

36 géme
itu-še-kin-ku$_{5}$-ta, itu-^{d}dumu-zi-šè
á-bi 12960

<sag-níg-ga-ra> šà-bi-ta

2160 géme u$_{4}$-1-šè á u$_{4}$-du$_{8}$-a
242.2.5. 7 1/2 sìla dabin gur   á-bi u$_{4}$ 7277 5/6
11.3.2. 8 sìla zíd-KAL gur   á-bi u$_{4}$ 350 2/3
9.3.2. 5 1/2 sìla eša gur   á-bi u$_{4}$ 145 1/2
1.4.1. zíd gu-sig$_{5}$ gur   á-bi u$_{4}$ 68 5/6

124 géme u$_{4}$-1-šè   šu-ùr-ra zàr-tab-ba, a-šà gán-mah
DUB ab-ba-gi-na

192 géme u$_{4}$-1-šè   šu-ùr-ra zàr-tab-ba, a-šà muru$_{13}$
DUB a-kal-la dumu lugal-é-mah-e

99 géme u$_{4}$-1-šè   kun-zi-da íd-du-du gub-ba
31 géme u$_{4}$-1-šè   a-šà a-bù-du-du
31 géme u$_{4}$-1-šè   a-šà nin10-nu-dù
132 géme u$_{4}$-1-šè   a-šà dšul-pa-è
128 géme u$_{4}$-1-šè   a-šà du$_{6}$-dnin-hur-sag
100 géme u$_{4}$-1-šè   a-šà gu$_{4}$-súhub
109 géme u$_{4}$-1-šè   a-šà na-ga-ab-tum
gìr ukkin-ni
294 géme u$_{4}$-1-šè   a-šà gán-mah

gìr da-a-ga   zàr-tab-ba šu-ùr-ra
33 géme u$_{4}$-1-šè   gán-mah-šè gin-na
33 géme u$_{4}$-1-šè   gán-mah-ta gú-edin-na-šè gin-na
28 géme u$_{4}$-1-šè   gú-edin-na-ta na-ga-ab-tum-šè gin-na
10 géme u$_{4}$-1-šè   ki-su$_{7}$ nin$_{10}$-nu-dù-ta é-A a-bù-šè
še-zid-gu im-íl
20 géme u$_{4}$-1-šè   ki-su$_{7}$ a-šà ^{d}nin-ur$_{4}$-ra-ta mu-ša im-zi
20 géme u$_{4}$ 3-šè   ki-su$_{7}$ a-šà ^{d}nin$_{10}$-nu-dù-ta mu-ša im-zi
30 géme u$_{4}$ 8-šè   še gu$_{4}$-súhub ù še a-šà-gibil
gur$_{7}$ a-pi$_{4}$-sal$_{4}$^{ki}-šè im-zi
24 géme u$_{4}$-1-šè   kun-zi-da íd gibil gub-ba
DUB ur-e$_{11}$-e

32 géme u$_{4}$ 10-šè   á-bi u$_{4}$ 320

a-pi$_{4}$-sal$_{4}$^{ki}-ta nibru^{ki}-šè gin-na gur-ra

353 1/2 géme u$_{4}$-1-šè
diri níg-ŠID-ak mu-ús-sa ki-maš^{ki} ba-hul (S 47)

šu.nígin 12365 1/3   géme u$_{4}$-1-šè   zi-ga-àm

lá-NI   594 2/3   géme u$_{4}$-1-šè

níg-ŠID-ak á géme-kíkkin-na   lugal-ka-gi-na
mu ha-ar-ši^{ki} hu-ur$_{5}$-ti^{ki} ki-maš^{ki} ba-hul (S 48)

(収入)36人の女奴隷
1月から12月まで
その労働力は12960(日)

その中から

(支出)　2160日　休日
242グル 177 1/2シラ　ダビン穀粉　労働力は7277 5/6日
11グル 208シラ　カル穀粉　労働力は 350 2/3日
9グル 205 1/2シラ　エシャ穀粉　労働力は 145 1/2日
1グル 250シラ　上質のグ穀粉　労働力は　68 5/6日

124労働日　麦藁広げ，麦束作り　ガンマフ耕地
アッバギナの捺印文書

192労働日　麦藁広げ，麦束作り　ムル耕地
ルガルエマフエの子アカルラの捺印文書

99労働日　ドゥドゥ川堰での仕事
31労働日　アブドゥドゥ耕地
31労働日　ニンヌドゥ耕地
132労働日　シュルパエ耕地
128労働日　ドゥニンフルサグ耕地
100労働日　グスフブ耕地
109労働日　ナガブトゥム耕地
ギル職はウッキンニ
294労働日　ガンマフ耕地
ギル職はダアガ，　麦束作りと麦藁広げ
33労働日　ガンマフ耕地へ行った
33労働日　ガンマフ耕地からグエディンナに行った
28労働日　グエディンナからナガブトゥムに行った
10労働日　ニンヌドゥ(耕地)の打穀場からアブに
グ穀粉用大麦を運んだ
20人1日　ニンウルラ耕地の打穀場からムシャを搬出した
20人3日　ニンヌドゥ耕地の打穀場からムシャを搬出した
30人8日　グスフブとギビル耕地の大麦を
アピサル市区の倉庫に搬出した
24労働日　ギビル川堤での仕事
ウルエエの捺印文書

32人10日　その労働力は320日
アピサル市区からニップルに行き戻った

352　1/2労働日

(前年)シュルギ47年の会計簿の赤字分
(支出合計)合計12365 1/3労働日　支出

(収支差額)残り　594 2/3労働日

粉挽女奴隷の労働の収支計算書。(長は)ルガルカギナ
ハルシ，フルティ，キマシュを征服した年(シュルギ48年)

表12　労働力計算書(TCL 5, 5669)

て表示される。会計簿作成上の工夫である。

労働日としては、5/6とか2/3のような1未満の分数で書かれることも多い。1未満の数値は、初期王朝時代ラガシュでの記録、実際におこなわれた労働に即した記録であれば、ありえない数値であり、あくまでも会計上の計算によって算出された数値である。

労働日として計算することの利点は、仕事との関係において発揮される。表12の粉挽女集団の会計簿において、彼女らの主任務である穀粉作りが、そのことを端的に示す。製粉された四種類の穀粉について、

二四二グル一七七と二分の一シラ(＝七万二七七七と二分の一シラ)のダビン穀粉、その労働は七二七七と六分の五日

一一グル二〇八シラ(＝三五〇八シラ)のカル穀粉、その労働力は三五〇と三分の二日

九グル二〇五と二分の一シラ(＝二九〇五と二分の一シラ)のエシャ穀粉、その労働力は一四五と二分の一日

一グル二五〇シラ(＝五五〇シラ)の上質のグ穀粉、その労働力は六八と六分の五日

とある。正確に割り切れない場合もあるが、ダビン穀粉とカル穀粉は、一人一日(労働日)当り一〇シラを碾《ひ》き、エシャ穀粉は二〇シラ、上質のグ穀粉は八シラを碾いた計算になっている。上質の穀粉は手間がかかるため、一人一日の規定穀粉量は少なくなる。一日に二〇シラを碾くエシャ穀粉がもっとも低品質ということになり、一〇シラを碾くことが標準となっていたのだろう。ウル第三王朝時代の会計簿では、耕地労働でも同様の計算式をとり、草刈り、畝《うね》仕事、犂《すき》仕事など、それぞれに一人が一日(労働日)に作業する

長さ・面積が、ある程度定まっていた。限られた範囲の数値を用いることで、計算の簡素化を図ったのである。このように、労働日を単位とすることで、仕事量と労働力とを関係づけて計算することが可能になった。

休日計算

労働力計算書の一般的書式として、支出項目の最初に休日(u4-du8-a)の総日数が記載される。表12の文書も例にもれず、「二二六〇の休日」とある。二二六〇日は、可働労働総日数一万二九六〇日の六分の一として計算された数値である。ウル第三王朝時代、休日計算をするとき、女性は常に可働労働日数の六分の一である。五日働いて一日の休みの割合である。男性では、一〇分の一、すなわち、九日働いて一日の休みが標準であった。

休日が週休的な取り方であったかどうかは確認できないが、仕事を「雨のために」休むとか、「ネルガル神のエルヌム祭の日は休み」のように祭りのために休むという記録があるので、時に応じての休日はあった。このことと、男女で休日の置き方が異なることを考慮すれば、週七日制がシュメールに始まったという説は、根拠のない憶説ということになる。

夫役労働

収支計算書の特徴を述べたが、次に、表12の文書に記録された粉挽女がかかわる仕事についてみておきたい。本来の任務である穀粉の生産が労働支出の主要項目であり、それに可働労働日の約六割があてられた。ほかに、耕地労働や運搬作業にも従事した。収穫作業として「〔干すための〕麦菜広げ、麦束作り」の作業や、穀物を耕地から倉庫などへ搬送する作業、「ギビル川堤での」労働が記録されている。基本的に単純作業に従事した。このように、ウル第三王朝時代では下級労働者が従事するが、初期王朝時代のラガシュでは、彼らが農作業や運河工事の作業に従事することはなかった。

エンシのバル義務と粉挽女の労働

粉挽女の労働支出としては、収穫・運搬・運河工事などの単純な労働を記したあとに、「三二人の女奴隷、一〇日間、その労働日は三二〇、アピサル市区からニップルに行き、戻った」と記す項目がある。これは、粉挽女の本務、穀粉作りの仕事であるが、ウンマ市内のアピサル市区にあった製粉所でなく、ウンマの支配者が果たすバル義務にともなって、最高神エンリルの神殿があるニップルに出かけ、そこでおこなった仕事である。ウル第三王朝時代、支配下の有力都市は、月ごとの輪番で、エンリル神などの主要な神々に家畜犠牲をはじめとした奉納をおこなう義務があった。この文書が書かれたシュルギ四八年では、年初の一月がウンマの支配者のバル義務月であった。その月に、粉挽女がニップルに行き粉挽の仕事に従事した。

男性労働者の場合は、「バルに従事し、バルのために行き、バルから戻った」とあって、往還に必要な日数を含めて三〇日以上になる日数が記録されることが多い。しかし、女性では、この文書が一〇日間と書くように、短い日数である。その差は、男性労働者が往還の日数に加えてニップルで夫役《ぶえき》を果たす日数を合計して記録するのに対して、女性は、この文書が、「ニップルに行き戻った」日数のみを記し、「バルに従事した」ことを明記しないように、往還の日数だけが計上され、ニップルでの仕事の日数を数えないからである。

粉挽女がニップルで従事した労働は、男性労働者のようにニップルに滞在した日数でなく、そこで碾いた穀粉量として計算された。つまり、この文書に記された生産穀粉量には、ニップルでつくられた量が合算されている。こうした計算は、労働日を介した仕事量と労働力との関係付けによって可能になった。

労働力計算書を、ウル第三王朝時代に整備された会計簿の例としてみてきた。期日を区切っての収支決算をおこなうことは会計制度の発展において重要である。それとともに、労働を、具体的な人数と日数として捉えるのでなく、会計上の量としての一労働日で捉えるという工夫によって、合理的な会計簿が書かれるようになったことが重要な変化といえる。

捺印文書

ウル第三王朝時代の会計簿は、収支計算書のような整った形式で書かれる点に特徴があるが、もう一つ、前の時代と大きく相違するのが捺印文書である。表12にあげた粉挽女の労働力計算書において、本業である粉挽にかかわる項目にはないが、収穫・運搬作業の項目では、捺印文書という記述がある。アッバギナ、ルガルエマフエの子アカルラ、ウルエエの捺印文書とあるのは、これらの項目が、アッバギナたちが捺印した労働記録文書を原簿として、そこからの転載であることを示している。捺印文書を作成した三人は耕地関係者であり、粉挽女の収穫・運搬作業という労働と労働日を確認・保証するための捺印である。

捺印文書は、労働記録だけでなく、物品の授受や契約など、いろいろな場面で確認・保証するためにつくられた。記録内容の信頼性を担保するのが捺印文書である。ウル第三王朝時代の会計システムは、文書に捺印することと、収支を計算することが両輪となって機能したといえる。

最後に文書主義の弊害について述べておきたい。ウル第三王朝時代には、それぞれの都市で、多くの書記が、日々、多大な労力をかけて粘土板に文字を記した。そのことで、多くの文書が現在まで残ることになった。各種の記録が膨大に残ることは、史料としては有用なことであるが、日々作成しなければならないことの非効率性が問題になると思われる。実際、ウル第三王朝のあとに続く王朝では、このような詳細な文書作成は実行されなかった。初期王朝時代ラガシュの文書のように物品や人員の移動に着目した会計簿に戻り、管理責任の面では、それぞれの役職者に一任する体制をとりつつ、私的経済が進展すると、それらを請負的な契約で取り込むことがなされたと考えられる。文書主義が伝統であるメソポタミアの歴史のなかでも、ウル第三王朝時代は詳細で膨大な会計文書を作成したという点で特異な時代であったことになる。

日々膨大な文書作成に従事したのが書記である。各都市の書記は、ウルやニップルにあった中央行政学院のような書記学校で養成されたと推定されることがある。しかし、ラガシュとウンマとでは文書作成上の用語や様式に相違があることから、書記はそれぞれの都市において独自に養成されていたと考えられる。

参考文献

前田徹「ウル第三王朝時代ウンマの労働集計文書における休日計算」『オリエント』四四‐二、二〇〇二、一七八〜一八一

前田徹「ウル第三王朝時代の集計文書」『早稲田大学大学院文学研究科紀要』六三、二〇一八、五八三〜五九七

Maeda, T., "Notes on Sumerian Expression of 'Humility' in Royal Inscriptions, and on the Calculations of Days in Administrative Texts"『早稲田大学大学院文学研究科紀要』六二、二〇一七、四三九〜四五一

Englund, R. K., "Administrative timekeeping in ancient Mesopotamia," *Journal of the Economic and Social History of the Orient* 31, 1988, 121–185.

Struve V. V., "Some new data on the organization of labour and on social structure in Sumer during the reign of the IIIrd dynasty of Ur," in I. M. Diakonoff (ed.), *Ancient Mesopotamia*, Moscow, 1969, 127–172.

第十六講　ウル第三王朝時代の決算文書

前回、ウル第三王朝時代の行政経済文書の特質を収支計算書の出現に求めて述べた。今回も、ウル第三王朝時代の行政経済文書を取り上げる。ウル第三王朝時代に整備された会計文書のなかで、決算文書としてくれるのは、収支計算書のほかに、キビギア文書（ki-bi-gi$_4$-a）と在庫確認書（šu-sum-ma）がある。前回述べた収支計算書が会計システムの全体性と時間的連続性を保証するのに対して、今回述べる二様式の文書は、別の側面、現物主義・現認主義によって作成されたことを指摘したい。

キビギア文書

最初に、キビギア文書を取り上げる。キビギア文書は、収入の項目と支出の二項目からなり、収支差額の項目がないことで、収支計算書と異なる。ki-bi-gi$_4$-a とは、動詞 ki~gi$_4$を名詞化した形である。ki~gi$_4$は「本来の姿に戻す、再現する」の意味であり、キビギア文書とは、収入と支出間の過不足でなく、入と出の実態を正確に捉えるための様式である。

この形式の文書は、ラガシュやウンマでなく、ドレヘム文書にあらわれる。ドレヘム文書とは、シュルギ三九年にプズリシュダガンに造られた家畜管理組織が作成した文書のことであり、現在名にちなんでドレヘム文書と総称されている。プズリシュダガンの家畜管理組織は、ウルの王が支配する領域の各地から持参される貢納家畜を一括して管理するために設置された。王や王妃のための家畜管理施設はウル、ニップル、トゥンマルにすでに存在していたが、プズリシュダガンを中心に連携した一つの家畜管理システムとして整備された。ドレヘム文書は、収支決算書でなく、キビギア文書と、次に述べる在庫確認書を多用することで、ラガシュやウンマの文書とは異なっている。

プズリシュダガンの家畜管理組織を統括する責任者が貢納家畜管理人であり、持参された家畜を日々記録し、それを一カ月ごとに集計した。こうした集計文書は、収支計算書の形式を採らない。例えば、アマルシン五年一二月の一カ月を対象にした受領家畜の集計文書は、一日から二九日まで、日ごとの持参者と家畜の種類、その頭数を記録し、末尾で家畜の種類ごとに総数を集計する。この月は二九日の小の月であったので、三〇日の記録はない。そのなかで、二日と一九日は、持参家畜を「受領しなかった日(u4-U-a)」と明示されている。つまり、受領した事実だけを記録する形式である。このアマルシン五年一二月の集計文書には、対応する八日、一八日、二一日、二五日の受領原簿が残っている。日々記録された受領文書を集め、それを原簿として、こうした一カ月を単位とした集計文書が作成されたのである。

プズリシュダガンの貢納家畜管理人は、日々、受領した家畜、さらにそこからの支出を記録し、それらを原簿として、一月や一年を区切りとした集計文書を作成した。収支決算をめざすよりも、家畜の入と出を正確に記録する会計簿を作成したのであり、キビギア文書も、そうした文書の一形式である。

キビギア文書の特徴は、収入の項目と支出の項目の家畜が過不足なく対応するところにある。収入の項目に記録された家畜が、どこに、どのように支出されたかを現認できる様式である。したがって、キビギア文書から家畜の移動を精査することで、プズリシュダガンの家畜管理組織の全体像、さらにウルやニップルに存在した王の家畜管理組織との関係が理解できるのであり、貴重な史料になっている。

前回述べたように、収支計算書は、例えば、ある期間に投下できる労働力と実際の労働との差、穀粉であれば、予定した穀粉と支出とのあいだに生じた過不足、それらを的確に捉えるために作成された。対してプズリシュダガンの家畜管理組織では、貢納されるべき家畜総数は、あらかじめ定まっているわけでなく、持参された家畜の入と出の動向を追うだけで十分であった。それが、収支計算でなく、キビギア文書や在庫確認書を多用する理由であろう。

さて、キビギア文書は、日々の記録と月単位の集計文書が残されているが、一年の集計記録は見つかっていない。キビギア文書の性格上、一年という長い期間を対象に作成することは困難であり、一年の区切りで集計する場合は、収支計算書の形式を借りて作成された。

貢納家畜管理人が記録する一日集計のキビギア文書では、持参された家畜の種類と頭数、持参者が収入の項目に記録され、その総頭数を集計したのちに、そこからの支出として、家畜の種類と頭数、それらの支出先、受領者を記す。

プズリシュダガンの貢納家畜管理人は、家畜の移動を把握するのが役目であり、家畜を飼育することはない。羊を飼育する「羊舎」のキビギア文書が残されているが、貢納家畜管理人のキビギア文書と少し異なり、繰越(si-i-tum)の項目がある。この書式を理解するのに参考になる文書がある。治世年は不明であるが、一二月二二日の羊にかかわるキビギア文書である。冒頭に、二一日時点で「一七頭の現有の羊(17 udu gub-ba, u_4 21-kam)」とあり、それに加えるに持参された五頭の羊の、合計二二頭が総数となっている。支出項目には七頭とあり、残りが、二二日の「一五頭の現有の羊」として記録される。手元にあって現認される頭数を重視した書き方になっており、現有の一五頭が、次の日二三日の記録では冒頭に書かれることになる。

「羊舎」のキビギア文書に記録された繰越(si-i-tum)も同じであり、羊舎にいる現有羊で、次の日に引き継がれる頭数の意味で使用されていた。この点が、家畜を飼育しない貢納家畜管理人が作成するキビギア文書との相違である。

一日でなく、一カ月間の家畜の出入を集計したキビギア文書は四枚が知られている。そうしたキビギア文書が明らかにする貢納家畜管理組織の特徴は、第一が、この組織が貢納家畜を一元的に掌握し、それをほかの王の家畜管理組織に再配分したことである。シュルギがプズリシュダガンに創設したのは、貢納家畜の一元的掌握を期待したからである。第二が、貢納として集まる家畜を飼育するシステムが整備されたことである。プズリシュダガンの貢納家畜管理組織の内部では、貢納家畜管理人の下に家畜飼育人が配置された。牛などの大家畜の飼育人がエンリルラであり、羊などの小家畜の飼育人が、あとで言及することになるウルクヌンナである。そのほかに、飼育のために周辺の諸都市の牧夫と「耕地」を囲い込み、飼育を委ねる体制も整えられていた。つまり、プズリシュダガンの貢納家畜管理組織は、二つの目的、貢納家畜の一元的管理と貢納家畜の飼育のために整備されたのである。

在庫確認書

決算文書としてくれる二つ目が、シュメール語で (é-)šu-sum-ma と書かれた集計文書である、(é-)šu-sum-ma のアッカド語対訳は、逐語的に *bi-it šu-šum*「贈物もしくは交付された(*šusummû*)財産(*bīt*)」である。šu-sum-ma には別にアッカド語 *puqqdû*「寄託、委託された物」が対応する。もとになったシュメール語動詞 šu-sum に次のような用例があることから、言葉の意味としては、「管理を委任された財産」が考えられる。

〔直営地耕作集団の長〕イニムシャラに、都市支配者〔エンシ〕は、犂《すき》耕用の牛一頭を彼の手に委ねた(šu-ni ba-an-sum)。〔しかし、イニムシャラは〕怠慢であり、三年のあいだ、世話をしなかった。エンシは〔彼を〕打った。〔イニムシャラは〕二度目に〔二度と〕、牛に対して怠慢にならないことを、王の名によって誓った。

耕作用の牛を委ねられたイニムシャラは怠慢のゆえに罰せられた。動産・不動産を託された者は、管理を十全におこなう義務があり、それを怠ってはならないとされている。委託され、現に保有する物が šu-sum-ma であり、é-šu-sum-ma は「委任された物の総体〔財産〕」の意味になる。その現有財産を確認するために作成されるので、ここでは、é-šu-sum-ma を「委託財産」、それを記録する文書を在庫確認書と称することにする。

委託財産の管理責任者にかかわって、最初に、相互に関係する三つの在庫確認書をみておきたい。取り上げる三文書は、それぞれの末尾に「ニンエガル神の財産、イシブ神官のミキアフが受領した」「アンヌニトゥム神の財産、イシブ神官のバダニフが受領した」「ニンフルサグ神の財産、グダ神官のマシュムが受領した」と明記するように、神に帰属する銀・銅・青銅・石製品の種類と個数を列挙し、神官が受領した神の財産（níg-ga）の記録である。

神官が受領したと記してはいるが、三文書とも、そのあとに、「支配者ウルニンムグの、エリシュ市にある委託財産、ギル職は書記のルガルナムマフ」と同じ内容の文章が書き込まれている。ギル職を果たす書記はウルの王に仕える者であろうが、この文章で注目されるのは、受領した神官でなく、エリシュの都市支配者ウルニンムグの委託財産となっていることである。ウルの王は、三神殿の財産の最終的な管理責任を、神殿に所属する神官でなく、都市支配者ウルニンムグに負わせたのである。

プズリシュダガンの貢納家畜管理組織の在庫確認書に戻れば、左記のように、年の終りの日付をもつ在庫確認書があり、常にそうであったとはいえないが、年末を締めとした在庫確認、決算がなされていたことを知る。

シュシン四年一二月末（itu ezem-me-ki-gál ba-zal：BIN 3, 239）

三八〇七頭の委託財産〔家畜〕　ナルのもとにある、ニップルにおいて

（3807, šu-sum-ma, ki na-lu₅, šà nibru^{ki}）

シュシン六年閏《うるう》一二月末（itu-diri ezem-me-ki-gál ba-zal：MVN 9, 196; SET 76）

合計一四五一頭の羊・山羊類、委託財産、ウルにおいて、アバエンリルギンのもとにある

（šu.nígin 1451 udu-máš-hi-a, šu-sum-ma šà uri$_5^{ki}$-ma, ki a-ba-^{d}en-líl-gin$_7$）

シュシン九年一二月末（itu-ezem-me-ki-gál ba-zal：CT 32, 13: BM 104438）

六頭の牛類、九一頭の羊・山羊類、委託財産、アバエンリルギンのもとにある、ウルにおいて

（šu-sum-ma, ki a-ba-^{d}en-líl-gin$_7$, šà uri$_5^{ki}$-ma）

シュシン九年一二月末（itu-ezem-me-ki-gál ba-zal：CT 32, 13: BM 104438）

一〇一頭の牡牛・牝牛類、三二四一頭の羊・山羊類　委託財産、プズルエンリルのもとにある

（šu-sum-ma ki puzur$_4$-^{d}en-líl）

これらの文書は、一二月、もしくは閏一二月が過ぎたときと明記しており、会計の締めが年の終りであったことは確かである。収支を計算することなく、委託財産の現有する家畜の種類と頭数、それに総頭数を記すのは、ウルの王から委託された家畜の在庫を締める際の確認としてつくられたからであろう。

ここにあげた文書はプズリシュダガンから出土したが、文書が対象とする範囲は、プズリシュダガンだけでなく、ウルやニップルなどにあった王の家畜管理組織に及ぶ。プズリシュダガンの責任者である貢納家畜管理人が、王の家畜管理組織全体を把握していたのである。

プズリシュダガンの家畜管理組織では、文書を作成するとき、収支差額に注目するよりも、財産（家畜）を現認することに重きをおいた。年末締めの現有家畜が、次の年の会計簿の基準となり、そこからの増減

が計算される。こうした計算を記した文書の例として、貢納家畜管理組織において小家畜飼育人であったウルクヌンナの収支計算書を、次にみたい。

ウルクヌンナの文書は収支計算書の様式を採用するので、収入、支出、収支差額の項目がある。収入の項目の最初は、「一頭の牛、三二頭のロバ、二一頭の羊、五二頭の山羊、イッビシン一年閏一二月末の委託財産（の在庫確認）」とある。この表記は注目される。収支計算書の様式からすれば、前期において計算された収支差額を、収入の項目の最初に「繰越」としておくのが通常の書式である。しかし、この文書は、収支計算書とあるにもかかわらず、収支差額でなく、前年末の委託財産として確認された家畜数を、収入の最初に挙げる。前年末の現有家畜が、次年の会計簿作成の基礎になっている。この文書では、支出の項目も、通常の収支計算書にはない形式になっている。つまり、「王の支出」「王の賜り物」や都市支配者のバル義務用の支出を記録したあとに続けて、「二六頭のロバ、一三頭の羊、三五頭の山羊、（手元に）あるもの（gub-ba-àm）」の項目があり、支出と手元にあるものの二つがくくられ、合計した二頭の牛、三二頭のロバ、二五八頭の小家畜（羊・山羊）が、「支出（zi-ga）と šu-sum-ma」となっている。この表現にある šu-sum-ma（在庫確認した委託財産）は、「現有家畜（gub-ba-àm）」の言い換えである。このことから šu-sum-ma が、小家畜飼育人ウルクヌンナが現に保有する家畜数を意味することは確実である。ドレヘム文書では、収支差額のような会計簿上の数値でなく、「委託財産（šu-sum-ma）の在庫確認」のような、責任をもって管理すべき頭数を注視したのであり、文書は、現物主義、現認主義によって作成されていた。

ウルクヌンナの収支計算書のように、形式は収入・支出・収支差額の形式をもつ収支計算書であるが、収入の項目の冒頭に、繰越（si-i-tum）の代わりに「〔在庫確認した〕委託財産 šu-sum-ma」と記すことは、近年公刊されたウルサグリグ出土文書にもみられる。その一つ、犠牲家畜飼育人の収支計算書では、ドレヘム文書のウルクヌンナの収支計算書と同様に、収入の項目の最初に、先月からの繰越ではなく、先月末のé-šu-sum-ma、つまり、確認した現有家畜数を、「一〇〇四頭の各種の羊、それは六月の委託財産」のように記す。対応するように、末尾の収支計算の項目も、通常の収支計算書とは異なる。

合計七五七頭の各種の羊・山羊　šu-nígin 757 udu-máš-hi-a

支出されたもの　zi-ga-àm

〔合計〕一二七六頭の各種の羊・山羊　1276 udu-hi-a

〔現有の〕委託財産　é-šu-sum-ma

é-šu-sum-ma とされる小家畜（羊・山羊）の一二七六頭は、収入の合計一〇三三頭から、支出された七五七頭を差し引いた頭数である。この計算は、収支計算書の収支差額と同じであるが、算出された会計簿上の残高（lá-i）でなく、「〔現有の〕委託財産（é-šu-sum-ma）」として記録する。これが繰越分であり、次期の収支計算書では冒頭部分におかれることになるはずである。ウルクヌンナの収支計算書と同じ使い方である。

この文書が作成されたウルサグリグは、王女が支配する都市であり、ウルの王の支配力が強い都市であるので、王が直轄する家畜管理施設のドレヘム文書と同様に、家畜に関しては現認主義による会計簿作成となっているのであろう。このように、ウル第三王朝時代の会計簿の特徴として、収支計算書のほかに、現認主義的な会計簿の作成をあげることができる。

貢納家畜管理人ナシャの決算文書

決算文書である在庫確認書を作成するのは、通常年末であるはずが、実際はいろいろな月に作成されていた。なぜ、そうした月に作成する必要があったのかは、ほとんどわかっていない。そうしたなかで、プズリシュダガンの貢納家畜管理人のナシャが、シュルギ四八年の一二月でなく、一〇月三〇日を締めとした委託財産文書をつくった意図については、推測が可能である。この文書は、合計すれば一二〇七頭の各種の牛と六〇頭のロバを記したあとの箇所は破損して読めないが、末尾に書かれた「ナシャのもとにある委託財産、一〇月三〇日が過ぎた〔とき〕」は読める。牛が一二〇七頭と多数であるので、記録されたはずの羊や山羊の小家畜の頭数は、万や十万の位の数になると考えられる。

この文書が締めとしたシュルギ四八年一〇月に、ナシャは別の文書も作成している。シュルギ四四年一月から四八年一〇月までの閏月、二カ月を含む六〇カ月間に支出した三八万頭に及ぶ家畜総数の記録である。つまり、ナシャはシュルギ四八年一〇月に、過去五年間に扱った家畜総数を集計するとともに、現有の家畜頭数を確認する委託財産文書も作成していた。年末ではない一〇月に、支出集計文書と現有家畜確認文書を作成した理由としては、シュルギ王の死が考えられる。

プズリシュダガンに貢納家畜管理組織を造ったシュルギは、四八年一一月には亡くなっていた。そのことは次に示す史料から確認できる。死後の礼拝施設であるシュルギの灌奠所《かんてんしょ》の記録が一一月二日の文書にあること、シュルギ死後に慣例化する玉座への奉納が一一月三日の文書に記録されること、さらに、ドレヘム文書に「シュルギが天に昇ったときに〔一時的に〕解放された女奴隷」の記録があり、その日付が一一月であることである。年末でなく、王の死亡に合わせて、シュルギ治世の総括と新王への報告として現有家畜の総数も記録したのが、これらの文書であろう。

ただし、ナシャがプズリシュダガンの家畜管理組織の筆頭職である貢納家畜管理人を辞したのは、シュルギの死のときではない。次の年、アマルシン治世一年の八月に、息子アッバシャガに譲って、引退した。息子のアッバシャガは、それ以前からナシャの代理として活躍していた。シュルギ四八年一〇月締めの総括的な会計文書の作成は、王位の交代という状態に対処するためであるが、アッバシャガへの役務移譲を念頭に入れた処置とも捉えることができる。

ナシャが作成したシュルギ四八年一〇月三〇日締めの二文書が相互にどのような関係にあったかは、破損が多く不明である。両文書を比べると、記述が一致しないところがある。現有委託財産を記す文書の家畜数は、比較すべき六〇カ月のナシャの収支計算書の末尾に記された「〔合計〕383470[+x]頭、支出分と委託財産、残高一頭のウマ、残高九二六頭の山羊、残高五頭の熊」という記述と対応しない。ナシャの六〇カ月を対象にした収支計算書の末尾に記された「残り分」とは、少なくとも、支出家畜と現有の委託財産として確認できる家畜以外の、会計簿上の不明分ということになる。ナシャが次期の会計簿に繰り越すとすれば、それは、ナシャの収支計算書にある「残り分〔不明分〕」の家畜でなく、在庫確認書に記された家畜数である。

今述べたように、lá-ì〔残り〕は、収支計算において、支出が収入より少なく、繰越となる部分を示すと同時に、確認できない不明な部分を示すこともあった。ウル第三王朝時代に捺印文書が多くつくられたことを前回述べたが、その理由の一つが、会計上の不明部分を最小限にとどめるために、責任の所在をはっきりさせることにあったと考えることができる。

参考文献

前田徹「ウル第三王朝時代の家畜管理組織」『早稲田大学大学院文学研究科紀要』三四、一九八九、三三〜五一
前田徹「ウル第三王朝時代の集計文書」『早稲田大学大学院文学研究科紀要』六三、二〇一八、五八三〜五九七

第Ⅳ部　シュメールの社会

第十七講　家族、女性

単婚家族

今回の講義では、シュメール社会の基礎である家族と、家族制度に束縛された女性について述べる。加えて、シュメールは氏族共同体社会であるという定説も吟味したい。

ウルク期に都市国家が成立して以来、シュメール社会は、都市に集住しての地縁的関係が基礎にあって、家族を単位とするものであった。ウル第三王朝時代以降に定められた法典類に家族制度の維持にかかわる家族法の条文が多くあるのはそのためである。早い時期の家族の形態がどのようなものであったか、それを知る史料は少ないが、初期王朝時代ラガシュの文書が、ギルス市区からグアッバ市区に移住した一二家族の構成を記録する（表13）。

この文書では、家族を記載するとき、父（家長）が筆頭にあり、次に妻をあげる。一家族の子ども数は五人までである。これらは単婚家族の特徴を示す。家族を考えるとき、記された家族名称、父（家長）、妻、寡婦《かふ》、男児（息子）、女児（娘）、母、女奴隷、男奴隷が役立つ。

	ab-ba 父	dam 妻	nu-mu-su 寡婦	ama 母	dumu-nita 男児	ama-tu-da	dumu-munus 女児	ìr 男奴隷	géme 女奴隷
1			1		3		2		
2			1		2	1+1	2		
3	1	1			1		2		
4			1		1		4		
5	1							1+1[*1]	1
6	1	1					1+1[*2]		2[*3]
7	1	1					1		
8	1							2	1
9	1						1	1	
10				1			1		
11			1	1	3		1		1
12	1							1	
	7	3	4	2	10	1+1	16	6	5
	7		9		11		17	6	5
	ab-ba 父		ama-dumu 子の母		šà-du$_{10}$-nita 男幼児		šà-du$_{10}$-munus 女幼児	ìr-lú 人の男奴隷	géme-lú 人の女奴隷

表13　初期王朝時代の家族構成

＊1：ìr NE-KUŠ šu-ku$_6$　＊2：dumu lú-pà-da ugula　＊3：géme pa$_4$-sir-ra-me

夫を亡くした寡婦は四例中三例が死亡した夫の名とともに記され、さらに、母を筆頭者にする二例中、母が、寡婦の母をさす場合もあるが、一例は亡くなった家長の母であることからも、当時は父系によって家族は維持されたと理解できる。とりわけ、父系家族であることを端的に示すのが、この文書の末尾の集計項目に示される分類である。父はそのまま父(ab-ba)とされるが、妻、寡婦、母は、別に立項された「子の母 ama-dumu」に合計される。「子の母」と総称することは、男性の子が相続者であって、女性はその後見人でしかないことを示すものである。つまり、父から息子への家長権の移動が前提にある。このようにシュメール時代の家族は、家長中心の父系家族であった。ただし、それは、家父長的大家族でなく、単婚家族の形態をとっていた。

家族が単婚家族であったことは、同じ初期王朝時代のラガシュ文書の一つである戦死者記録からも理解できる(表14)。この記録は、隣国ウンマとの戦いで戦死した者と、その後継者の有無、後継者がいれば戦死者との間柄を明記する。記録されるのは、妃《きさき》の家政組織において軍事集団の核となるシュブルガルの七隊とアガウシュの二隊に属する者であり、戦死者は三一人である。そのなかで、後継者を選任できないのが二〇人いた。アガウシュ職であった者は全員後継者を得ていない。職務を引き継ぐ者がいないことは、ラガシュの軍事集団の弱体化を加速する事態であったといえる。それは別にして、後継者を任用できたのが一一名である。任用された者は、戦死した者に代わって、軍事集団内の職務を引き継ぎ、その見返りとしての耕地と大麦の支給を受ける権利を継承した。

戦死者と後継者の間柄としてあがるのは、子、父、兄弟、家僕(har-tu)である。har-tu を家僕・郎党と訳

職名	後継者なし lú nu-tuk	後継者あり lú ì-tuk				隊長
		子 dumu	父 ab-ba	兄弟 šeš	家僕 har-tu	
šub-lugal		1				Ursag
	4	1	1			Ur-Šenirda
	2	1				Kaka
	2	1	1			Enam
	2	1				Šešludu
		1			2	Emelamsu
	2			1		Inimmanizi
àga-uš	6 2					Amarki Damdingirmu
		6	2	1	2	
合計	20	11				

表14　初期王朝時代の戦死者記録

すことが確実とはいいきれないが、それに従いたい。後継者としては、戦死した者の子が六名であり、過半数が順当に父から子へと継承された。そのほかに父が二名、兄弟が一名、家僕(郎党)が二名である。世代をさかのぼって父が継承する場合があるにしても、家族内で継承することが原則であることに間違いない。このことから、兵士集団の編成は、大家族や氏族制を前提とするのでなく、家族単位で掌握されていたことは確かであり、そこからも、シュメール社会の基礎単位が単婚家族にあったと考えることができる。

ウルカギナ四年に多くの戦死者を記録するが、それはラガシュが、隣国ウンマとの戦争に敗北したからである。戦死者の後継者記録にあるように、三一名の戦死者のなかで、後継者を得られなかったのが二〇名、全体の三分の二にのぼる。組織の人員の損失の半分さえ補充できなかったのであり、脆弱《ぜいじゃく》性を露呈した。このあと、ウルカギナ六年を過ぎると、文書がほとんど残らなくなる。

戦死者記録と移住家族の記録、これら二つの文書から、家族が社会の基礎にあったことが理解できるが、両文書ともに、孫という項目はない。考えてみれば、孫がいるということ、祖父であるということは、祖父たる者の息子が成人に達して、結婚し、一家を構えて、子をもうけることである。妃の家政組織においては、成人に達した男性は資格を得て、任用され、職務を果たすのであるから、祖父からみた孫でなく、世代がさがって息子の子として表現される。このように、戦死者の後継者記録も、家族記録も、労働・職務を担う者の掌握に焦点があり、家族の実態として三世代同居かどうかを問題にすることはない。

ところで、移住家族の記録(表13)にあらわれる ama-tu-da は、通常、ama-a-tu「その家で生まれた奴隷(重代の家僕)」と同義であると解釈される。しかし、この文書では、奴隷でなく、子どもの項目に合計される。

表13にあるように、男幼児の合計一一人は、男児の合計一〇人に男子のama-tu-daの一人を加えた数値であり、同様に女幼児の合計一七人も、女子のama-tu-daの一人を加えた数値である。子に加える分類に従えば、ama-tu-daは奴隷ではない。ama-tu-daの字義「母が生んだ」を考慮するならば、女奴隷が産み、家長が認知した子の可能性もあるが、この家族には奴隷が存在しないので、妻の連れ子であろう。こうした表記をするのは、その子が相続権をもたないか、制限されていたことを明示するためと推定される。この解釈が正しければ、男系による家の継承が、ここでも認められる。

さらに、この移住記録では、本来家族に含まれない「漁師であるネクシュの奴隷」(表13の註*1)、「集団の長ルバダの子(娘)」*(2)、「(二人の)パシルラ市区の女奴隷」*(3)が行動をともにする。なぜ、家族でないこれらの人々を同道させたかは、グアッバに移住する理由と同様に、不明である。

氏　族

シュメール社会は単婚家族を基礎に成立していたと述べたが、一般的に、近代以前においては氏族制が普遍的に存在したとされ、シュメール社会も氏族制を原理とすると捉える場合がある。しかし、氏族制原理によって構成されていたことは証明されない。むしろ、シュメール人は、周辺に住むマルトゥが採用するなどの氏族制原理に従う族長制を、野蛮な民の制度であるとみなして、否定的な立場であった。

氏族を意味するとされるシュメール語イムルアim-ru-aの用例は、初期王朝時代の文書から拾える。イムルアは、「氏族」のほかに、「領域、地域、行政区画」の意味もある。前三千年紀のイムルアが、氏族を意味するのかどうかを検証する必要がある。

イムルアのもっとも早い例に属するのが、シュルッパク（ファラ）文書にある。そこでは、なんらかの目的で集められた七隊について、隊長であるヌバンダの名と人員数を記したあとに、「合計五三九人の従属員（dumu-dumu）、〔それは〕七つのイムルア」と合計されている。この文書にある dumu-dumu は、従来、「ウルクの市民（dumu unu^{ki}）」のような市民と訳せる dumu の複数形と考えられてきた。しかし、市民を示すとき複数形は必要なく、dumu の重複表記は、別の意味をもつと考えられる。ファラ文書を研究するポムポニオとビシカトが指摘したように、ファラ文書において dumu-dumu は、市民を示す用語とはまったく別であり、シュルッパクの王宮組織に従属して、行政・経済・軍事的な部門で奉仕する者である。彼らは、家政組織に従属して軍役・夫役を果たすラガシュの「クルを定められた人」と類似した人々であろう。したがって、五三九人の従属員が、イムルアと称される七つの隊に編成されていたとあっても、そのイムルアを氏族と断定することはできない。

時代がくだって、ラガシュの王グデアの碑文には、ニンギルス神、ナンシェ神、それにイナンナ神のイムルアが、おのおの章旗を先頭に立て、ニンギルス神殿の建築工事のためにきたとある。章旗については第六講で触れたので、隊の名にかかわる部分のみを示す。

「敵う者なき荒ぶる恐ろしき牛、主のために働く白きレバノン杉」（そうした誉れある名で呼ばれる）ニンギルス神のイムルアに夫役を命じた。

「水面から高められた堤や岸、大河は水にあふれ豊饒《ほうじょう》の恵みをもたらす」（そうした誉れある名で呼ばれる）ナンシェ神のイムルアに夫役を命じた。

「野にあるすべての獣物にしかけられた捕獲網、誉れ高き兵士の選び抜かれた者、ウトゥ神の兵士」（そうした誉れある名で呼ばれる）イナンナ神のイムルアに夫役を命じた。

引用したイムルアは、ラガシュの大いなる三神の名のもとに編成され、誉れある隊名をもった夫役を担う集団を意味する。神に注目すれば、ニンギルス神とナンシェ神は、ラガシュの二大神である。ニンギルス神は最高神エンリルの英雄とされ、引用した誉れある名もそれにちなむ。同様にナンシェ神は水や川に関係し、占いの神でもある。三番目にあがるイナンナ神は、シュメールの七大神であり、エンリル神に次ぐ高い地位を得た女神である。初期王朝時代のラガシュの支配者エアンナトゥム治世頃にウルクから勧《かん》請《じょう》され、以後、ラガシュ市区を代表する神として、ギルス市区のニンギルス神、ニナ市区のナンシェ神に次ぐ地位を得ていた。イナンナ神は戦闘の神であり、誉れある名もそれにちなむが、太陽神ウトゥがイナンナ神にかかわってあらわれる。ウトゥとイナンナは姉弟とされる場合があるので、それに由来するのかもしれないが、詳細は不明である。

この夫役集団が、氏族制を背景にもつのか、それとも地域的なまとまりから集められたのかが、問題の核心である。この設問に十分に答えることはできないにしても、ウル第三王朝時代ウンマにおける夫役労働のあり方、二大市区であるウンマとアピサルに分かれての編成基準からみれば、地縁的な結合であって、氏族的紐帯《ちゅうたい》を想定することはできない。

ラガシュのイムルアも、市区の主神にちなむ良き隊名で呼ばれていたことから、この原則が適応できると思われ、地縁的に編成されたと推定される。つまり、ニンギルス神とナンシェ神のイムルアが、おのおのの神が主神となっているギルス市区とニナ市区で編成され、イナンナ神のイムルアは、イナンナ神の主神殿イブガルがあったラガシュ市区で編成されたと。ファラ文書のイムルアについても、都市の王に従属する軍事・賦役集団であって、氏族別でなく、地区別に編成されたと捉えることが可能である。

このように、シュメールの社会が氏族的編成であったことを示す直接的な証拠はなく、集住した都市という地縁的関係が中心にあり、社会の基礎は単婚家族にあったと考えられる。

女　性

シュメール社会では、家族が社会の単位であり、その家を父系的に継承することが重要であったために、女性の社会的地位は低かった。ウル第三王朝時代の文書から奴隷として家族を売る例をみれば、父や母が娘を売るのが四例、兄弟が妹を売るのが一例、家族内の女子を売る例が五例ある。このように、女性を売ることが一〇例であるのに対して、男子は、母と息子が別の子を売る一例のみである。全体数が少ないが、女子の売買が男子の売買を圧倒する傾向は認められる。家内奴隷としての女子の需要と、働き手である男子相続人を失いたくない売り手側の事情とによって生じた傾向であろう。

次に、家族のなかでの女性であるが、家族を形成するための結婚は、婚資や婚約など多くの社会的約束事を踏まえて成り立っていた。その際、父親の同意が必要不可欠であった。ウル第三王朝時代の裁判文書に次のような事例がある。

判決文。園丁アナナの子シェシュカルラが出廷し、王の名によって誓う。ウルガルの娘ニンアッバナを娶《めと》った、と述べた。〔証人の四名〕彼らが〔それを保証する〕証言をおこなった。そして、彼の父アナナの〔同意の〕言葉も得られた。シェシュカルラがニンアッバナを娶った〔ことが確定した〕。

この判決文では、花婿本人の宣誓のほかに、「彼の父アナナの〔同意の〕言葉も得られた」とあり、父親の同意を得た結婚契約の例となる。逆に、両親の同意なき結婚が無効になった判決文がある。

判決文。シェシュカルラの子ドゥガニジが出廷し、王の名において誓う。カアの娘ニンドゥブサルを妻として娶った、と述べた。ニンナムハニ〔女性〕とウルラマが、ドゥガニジはニンドゥブサルを娶った、と証言した。ドゥガニジの父と母が、〔ハラバウと彼らの息子ドゥガニジとが結婚していたことを〕知らなかったので、ハラバウの父ニグバウは王の名において誓うことで、ハラバウを離縁させた。

ドゥガニジなる男性は、両親の許可なくハラバウという女性と結婚していた。のちに別の女性ニンドゥブサルと結婚することになったとき、前妻であるハラバウをハラバウの父が離縁させた。この間の事情は文書に書かれていないので不明である。ウルナンム法典第一五条には、この判決文と逆の例であるが、「もし、人が義理の息子として、義理の父の家に入ったとしても、義理の父が彼の娘を別の人に嫁がせたならば、義理の父は義理の息子に、彼が持参した婚資の二倍を戻さねばならない」とある。離婚には夫になる者に持たせた婚資と妻となる女性に持たせた財産、それらの返却が問題になるはずである。この判決文では、前妻の父が前夫に離婚の賠償を要求していない。要求しないことが、この結婚が不法、つまり、父の承認のない結婚は社会規範からの逸脱であったことを示すのであろう。

姦通についても、ウルナンム法典第七条に「もし人の妻がほかの人に従い、ともに寝たならば、女は殺される。その人は自由である」とあるように、女性のみが罰せられ、家を担う男性は罰せられない。古代ギリシアのポリスでは、市民の権利が明確になったことに反比例して、女性は社会的権利を狭められた。女性は家長に服するという点で奴隷と同じく家内的存在であり、私的な家庭内で主人として振る舞いえても、市民社会に生きる者ではなかったとされる。

前三千年紀メソポタミアの社会において、ギリシアと同様に女性の社会的地位が低かったかといえば、一概にそうとはいいきれない。ウル第三王朝時代の文書に、女性が財産を保有し、その保全のために出廷し争った記録がある。一つの裁判文書を示す。

寡婦となった女性が所有する家宅と奴隷について、息子が、それらは父の遺産に含まれるので、父の相続人である私に所有権があるとして、法廷に訴えた。裁判のプロセスは概略次のようであった。訴えられた寡婦の家宅は、寡婦からいえば夫、息子からいえば父が関与することなく、彼女が自らの銀で購入しており、家宅購入証書も存在した。そのことを彼女は法廷で証言した。奴隷については夫から贈与されたものであり、証拠となる証書も存在した。奴隷贈与を証言する証人も出廷した。提訴した息子は、彼女に有利な証言をした証人の言葉を認めた。逆に、息子の提訴理由について、息子側の証人たちは確認の証言をしなかった。それによって、彼女の家宅と奴隷の所有権は確定した。

この裁判は、寡婦となった女性が自らの資金でおこなった、家屋を購入するという経済活動を認めている。夫から贈与された財産の内容に関して、この女性は夫から奴隷を贈与されていた。ウル第三王朝時代の文書によれば、夫から妻に、家畜や奴隷、それに貴金属を贈与する例がほかにも知られており、娘に土地を分与する例もある。

女性が土地を含めた財産をもち、それを維持するために公的な場である裁判に出廷することも辞さなかった。女性の地位が社会的に認知されているといえるが、ただし、それによって前三千年紀メソポタミアの女性の社会的地位が高かったといえるかどうかは、にわかに判断できない。メソポタミアの女性がある程度の社会的活動を許されていたのは、女性の権利が保護されたというよりも、ギリシアと異なって、厳密な身分規制がゆきわたっていない「市民権なき自由民」が中心となっている社会での、個別的な現象であるとみるのが妥当だろう。

参考文献

前田徹「シュメールの奴隷」『北大史学』三五、一九九五、一～一三

前田徹「Martu　族長制度の確立」前川和也編『シリア・メソポタミア世界の文化接触――民族・文化・言語』（文部科学省科学研究費補助金　特定領域研究「セム系部族社会の形成　平成二〇年度研究集会報告」二〇〇九、五一～五七

前田徹『初期メソポタミア史の研究』早稲田大学出版部、二〇一七

Falkenstein, A., *Die neusumerischen Gerichtsurkunden 1–3*, München, 1956–57.

Pomponio, F. and Visicato, G., *Early Dynastic Administrative Tablets of Šuruppak*, Napoli, 1994.

Selz, G. J., *Altsumerische Verwaltungstexte aus Lagaš*, Teil 1, Stuttgart, 1989.

Steinkeller, P., *Sale Documents of the Ur-III-Period*, Stuttgart, 1989.

第十八講　王妃の家政組織における任用

構成員の階層性

前回、シュメール社会を家族の視点から述べた。今回は、シュメール社会における自由人・奴隷の階層性について、初期王朝時代ラガシュの妃《きさき》の家政組織を構成する者の任用から考えることにしたい。このような方法をとることは、第一講で述べたように、史料的制約から、シュメール社会の構造、身分・階級などを直接知ることが困難だからである。

初期王朝時代ラガシュにおいて妃の家政組織は、所属する者に、現代の給与と同様に月ごとに大麦を支給した。大麦支給は三分類されていた。山本茂氏は、それら大麦支給表を簡略に第一種から第三種の大麦支給表と呼んでおり、ここでもそれに倣いたい。

第一種大麦支給表は「クルを定められた人」への支給である。「クルを定められた人」は封地であるクル地を支給された者であり、先に示した構成員表（一二一頁表10）の(1)から(7)に分類された人々である。クル地給付の反対義務が夫役と軍役であるので、「クルを定められた人」に女性はいない。さらに、クル地

	第１種大麦支給表	第２種大麦支給表	第３種大麦支給表
受給者	クルを定められた人	イギヌドゥ，運搬人	ゲメ（女奴隷）とその子
	所属員	クルを定められない人 家内奴隷	
大麦支給	有	有	有
クル地割当	有	無	無
夫役・軍役	有	無	無

表15　妃の家政組織構成員の扶養と課役

を受給した者全員が、「クルを定められた人」の支給表で大麦を受給するわけではない。クル地受給が確認される商人、清浄儀式官、それに侍女や女神官などは第一種大麦支給表の「クルを定められた人」とくくられることはない。第一種大麦支給表で受給する「クルを定められた人」とは、灌漑《かんがい》労働や軍役を義務づけられた夫役集団のことである。

「クルを定められた人」のなかに、買われてきた者や外国出身者（奴隷）はいない。彼らは家内奴隷ではない。しかしながら、自由民ともいいきれない。ウル第三王朝時代の裁判文書によれば、奴隷でなく自由民であると訴えた人に対して、主人の家で大麦支給と羊毛支給を受けていたことを根拠に、奴隷であると裁定をくだすことがあった。この例から、大麦と羊毛を妃の家政組織から支給される「クルを定められた人」も、自由な市民でなく、身分的には、奴隷ではないにしても、公的経営体の隷属者、「所属民」であったと考えられる。

第一種大麦支給「クルを定められた人」と対比されるのが、第二種と第三種大麦支給であり、その受給者は、「クルを定められた人」に対して、その否定形「クルを定められない人」とくくられることがある。クル地受給の有無が構成員の差別化の標示となる。

第二種と第三種大麦支給は、第十講で示した構成員表の⑻と⑼に分類された人々への支給である。第二種大麦支給は、⑻にあがる男性への支給であり、第三種大麦支給は⑼にあがる女性への支給である。彼らは、「クルを定められた人」と異なり、明確に家内奴隷的存在である。第二種大麦支給表で受給する「イギヌドゥ、イル、個々の粘土板に登録された人」のなかで、イギヌドゥ(「目が見えない人」)や「個々の粘土板に登録された人」には、外国から買われてきた者の存在が確認できる。さらに、第三種大麦支給表で受給する女性にも「買われてきた者」がいた。つまり、妃の家政組織の構成員は、第一種大麦支給表に載る「所属民」と、第二種第三種大麦支給表に載る家内奴隷からなっていると捉えることができる。

家政組織による奴隷の獲得

前回触れた戦死者は、「クルを定められた人」であった。戦死者の職務は家族内で継承された。この原則が、「クルを定められた人」すべてに適応されたと考えられ、支配者(妃)の家政組織は、奴隷ではない所属民を家族単位で掌握し、世代を父系的に父から子へとつなぐ家族の再生産に大きく依存していた。

それに対して、第二種と第三種の大麦受給者は、商人によってエラムなど外国で買われてきた者を含む家内奴隷的存在であった。商人が購入した聖歌僧アマルサマンの場合は、ある種の契約として書かれた文書が残されていることや、そこに父親から買ったとする記載があるので、遠隔地でなく、ラガシュ市内での売買であったと考えられる。

国の内外で購入された男性は第二種大麦支給表に登録された。商人文書では買われた女奴隷の名を記すことがないので、現時点では、購入された女奴隷を第三種大麦支給表の受給者のなかに探すことはできない。

ウルカギナ六年の第三種大麦支給表には、新規に加えられた七〇人の女性が「買われてきた者たち」として記録されている。「買われてきた者」に対して、従来からこの組織にいた女性を「以前からの者」と総称する。それは「以前に買われてきた者」の意味だろう。したがって、第三種支給表で受給する者すべてが、第二種の男性受給者とともに家内奴隷であったと捉えられる。問題は、ウルカギナ六年にこの組織に新規に加えられた七〇人もの女奴隷の出自である。

ラガシュがウンマとの戦いに敗北した混乱期であるウルカギナ六年に、多数の奴隷を遠く離れた異国エラムで買いつけることは、ほとんど不可能なはずということである。したがって、このとき買われてきた女奴隷は、先に述べた聖歌僧アマルサマンと同様に、ラガシュ国内で購入されたと考えられる。ただし、多くの女奴隷を同時に取得できたことには、何か特別の事情があったと想定される。前回みた戦死者記録において、三一人の戦死者のうち、後継者がいないのが二〇人、つまり、全体の三分の二が家長のいない欠損家族になっている。家政組織において任務を果たすべき家長が欠けた家族には、もはや耕地給付と大麦支給はなく、経済的に困窮することになる。そうした家政組織の外におかれてしまった家族が所有する奴隷、さらには寡婦や子女を、妃の組織が買った可能性がある。つまり、第二種と第三種大麦支給表で受給する家内奴隷は、遠隔地のエラムなどと同時に、必要があれば、ラガシュ国内で調達されたと考えることができる。

妃の家政組織における任用をまとめれば、第一種の「クルを定められた人」が家族を単位に掌握され、家族によって世代をつなぐことを前提にした任用、人員補充であった。それに対して、第二種と第三種大麦支給表で受給する奴隷には、家族、とりわけ父系家族は望めないので、供給源を家政組織の外に求めた。

ウル第三王朝時代の献納

初期王朝時代の妃の家政組織をみたが、ウル第三王朝時代になると、公的経営体(家政組織)は、購入でなく、献納(a-ru-a)によって下級労働者(家内奴隷)を確保した。献納とは、神への奉納を意味する。人員表に特記された献納とは、都市民などが神に捧げた女性を、都市支配者が製粉所などに配分したという出所由来の注記である。製粉所の粉挽女《こなひき》を記録するラガシュ文書では、確認できる成人女性一四二人のうち四一人、二九%が献納と注記される。

私人が献納した女奴隷のほかに、ウルの王が戦争捕虜である女性をウンマの都市神シャラに献納したことを記録した文書もある(第二十講で言及する)。ウンマに連れてこられた戦争捕虜は都市神に捧げられたのち、公的経営体の製粉所などに配置された。

初期王朝時代、奴隷の購入に重要な役割を果たしたのが遠隔地に出かける商人であった。しかし、ウル第三王朝時代になると、ラガシュやウンマに多数残される商人の会計簿に奴隷購入の項目はいっさいない。商人がエラム地方に出かけて人を買ってくることが確証できなくなっている。当時の文書が示すように、ウンマやラガシュの公的経営体では、購買奴隷に代わって、私人や王からの献納が、下級労働者の獲得の第一になったのである。

ウル第三王朝時代になって主要な補充手段となった献納は、初期王朝時代には確認できない。さらに、ウル第三王朝時代には、債務奴隷の一種として、負債の代わりに家族を公的経営体で働かせることがあった。これも初期王朝時代には確認できない。つまり、初期王朝時代の家政組織では、下級労働者(家内奴隷)の獲得は銀や大麦を払っての購入が基本であったのが、ウル第三王朝時代になると、公的経営体(家政組織)が下級労働者を得る手段は、都市民の献納や住民自身の債務奴隷化に依存することになった。自立的であった家政組織が、ウル第三王朝時代には都市の背景なしには成立しえなくなっていた。

内部補充システム

家内奴隷的な構成員はおもに外部からの補充によっていたが、内部補充システムとでも呼べるものもあり、それを確認するために初期王朝時代ラガシュの文書に戻り、第三種大麦支給表をみたい。

第三種大麦支給表の名称「ゲメ(「女奴隷」)とその子への大麦支給」のとおりに、子どもも支給対象者であった。子どもに大麦を支給することは第三種支給表の特徴であり、第一種と第二種の支給表にはない。女労働者の支給記録の例として、ウルカギナ四年の第九回目給付の文書(Nik 1, 6)で、織物工房の一つの集団を示す(表16)。

冒頭に記録された二四シラの大麦を受給するシャシャは、二年後のウルカギナ六年には織物集団の長になっていた。四年時点での隊長は、「クルを定められた人」の一人であり、管理層に属した。それが、ウルカギナ六年には、管理層から人を配置できずに、下級労働者の古参であったシャシャが長になった。ウ

24シラの大麦支給(še-ba)シャシャ
　　2人の男子(dumu-nita)〔各々〕12シラ
　　2人の女子(dumu-munus)〔各々〕12シラ
　　　　mu-na-tam-e/me
　12シラ　男子
　12シラ　女子

　24シラ　ニンアマナ
　24シラ　ザナ
　　〔省略〕

　18シラ　ウルナグル　　正員(sag-dub-me)
　18シラ　バラウスシェ　見習い(gú-ba-kam)
　　3人女性の孤児(nu-síg-munus)〔各々〕18シラ

合計　4人女奴隷(géme)〔各々〕24シラ
　　15人女奴隷(géme)〔各々〕18シラ
　　3人女性の孤児〔各々〕18シラ
　　8人男児(šà-du_{10}-nita)〔各々〕12シラ
　　7人女児(šà-du_{10}-munus)〔各々〕12シラ
その大麦〔総〕量は4グル24シラ
　〔集団の長は〕ギシュガルシ

表16　女労働者への大麦支給

区分		支給量	記述の特徴
成人：ゲメ géme	正員（sag-dub）	24シラ，18シラ	個人名表記
	見習（gú-ba）	18シラ	
孤児（nu-síg）	男女の区別	18シラ	名を記さず，人数のみ
子ども（šà-du_{10}）	男女の区別	12シラ	母親と連記，人数のみ

表17　孤児と幼児

ンマとの戦争に敗北したことで、家政組織が弱体化していたことの現れだろう。

シャシャへの支給のあとに記されるのが彼女の子らへの支給である。二人の男児と二人の女児を形容するように書かれたmu-na-tam-e/meは、人名と考えられてきたが、動詞tamには"to trust"の意味があり、「彼ら〔子どもたち〕は彼女〔母〕に委託された」と解釈できる。つまり、なんらかの理由でシャシャが養育を引き受けた子を示す注記と考えられるが、断定はできない。そのあとに記された男女各一名の子は、シャシャの実子であろう。

合計の項目から知られる人員の区分は表17のように、二四シラや一八シラの大麦を受給する成人と、男女を区別して表記する孤児、同じく男女を区別して記す子どもである。この隊の成人は一九人であり（二四シラ受給者四人プラス一八シラの一五人）、ウルナグルやバラウスシェのように、すべて名が明記されており、彼女らが織物工房での仕事を課せられた者である。成人の下位区分である正員と見習については、あとで述べたい。孤児・子どもには仕事の義務はなく、名も書かれない。

強調したいのは、労働の義務を負わない幼い子どもにも大麦が支給されていたことである。彼らは父親の名を記されることなく、母子のみで把握されていた。本来あるべき家族が無視されている。同じ妃の家政組織に所属していても、

年（ウルカギナ）	1	2	2	2	2	3	3	3	4	4
支給回（月）	x	9	x	11	12	4	6	12	1	4
zi-zi の子	1m 1f	2f	[ ]	2f	2f	2f	2f	2f	2f	<>
孤児（nu-síg）	1m 1f	1m 2f	1m [ ]	1m 1f	1m 1f	1m 1f	<> <>	<> 1f	<> 1f	<> 3f

表18　幼児から孤児へ

「クルを定められた人」は、父系家族が子どもの養育にあたるが、第三種支給表で受給する女性（女奴隷）は家族をもたないので、妃の家政組織が子どもの養育のための大麦を用意したと捉えることができる。

労働が期待できない子どもに大麦を支給するのは、次世代の働き手になることを期待したからであろう。こうした目的が想定されるので、家政組織における子どもの養育を、購入とは別の、内部補充のための制度と捉えることができる。

第三種大麦支給表におけるもう一つの特徴は、孤児にも支給があったことである。集団内に孤児がいる場合、表16のように集団の成人や子どもを記したあとの最末尾に記録される。女性の孤児三人がおのおの一八シラの支給とある。母親が死亡しても、その子を家政組織から排除することなく、孤児として、この組織で養育した。母の死によって子が孤児の区分に移行する例を第三種大麦支給表で探すのは、支給表では子の名を記されないので、困難ではあるが、次の例がそれにあたると考える（表18）。

ジジ（zi-zi）という女性は、二人の女児をともなって、ウルカギナ四年第一回支給まで記録され、ウルカギナ四年第四回目になって、支給表から消える。それに代わるように、この隊の孤児は、女児一人から、二人増え三人の女児

(3f)になった。この変化を、ジジが死亡したことで彼女の二人の女児が、孤児として支給を受けるようになったと捉えることができる。

女児と女性の孤児は、成長してもそのままこの労働集団に残るのだろうが、男児や男性の孤児は、成人に達すると、この女性集団から外れ、男性中心の第二種大麦支給表で支給を受けることになったと考えられる。ただし、母が所属する隊から離れた男児を追うことは、名が書かれないため、女児以上に追跡が困難であり、ほとんど不可能といえる。

子どもや孤児が成人になる年齢が問題になろう。第三種大麦支給表では、すべての集団ではないが、必要に応じて、成人の女奴隷を sag-dub と gú-ba に二区分して表記する。sag-dub の字義は「粘土板の頭（人）」であり、人員表に登録された労働が期待される「正員」の意味である。それに対するのがグバ（gú-ba）である。

グバの字義は不詳であるが、グバとされる者は名が記され、合計の項目でも「正員（サグドゥブ）」とともに成人に集計されるので、労働を期待された成人であることは確かである。ただし、受給する大麦量は成員のなかで最低量の一八シラであるので、私は、「正員」に対する「見習」の意味があったと考えている。

子どもから成人の最初の段階、見習になるのは何歳か。当時の記録は年齢を書くことがないので、確かとはいえないが、ニンアルシャとその娘の記録から一つの推定は成り立つ。この母はエンエンタルジ三年から、一人の女児を連れて大麦支給を受けていた。ウルカギナ三年になって、母は受給するが、女児への支給がなくなると同時に、この集団のグバが一人増える。ニンアルシャの娘がグバとして支給を受けるよ

	所属民	家内奴隷
初期王朝時代	クルを定められた人	男女の下級労働者
	家族単位の任用	外部購入，内部補充
ウル第三王朝時代	対応する階層なし	家族単位の任用，内部補充
	全員の家内奴隷化	都市民の献納，債務奴隷

表19　家政組織・公的経営体の構成員とその任用

うになったと考えられる。ウルカギナ三年のこの集団では、グバとしてはじめて支給を受ける者が三名いた。そのうちの二名は、それ以後の大麦支給表にあらわれず追うことはできない。残る一人アルムニドゥは、ウルカギナ六年に正員になっている。この女性がニンアルシャの娘ならば、ニンアルシャの女児としてはじめて記録されたエンエンタルジ三年に一歳以上であり、一三年後のウルカギナ三年にグバ(見習)となった時点で一三歳以上、さらに正員となったウルカギナ六年では一六歳以上ということになる。つまり、子どもと見習を区分する年齢は、一三〜一五歳、独り立ちして正員となるのは一六〜一八歳の年齢が想定される。

次世代の労働者になることを期待して子どもを養育する内部補充的制度は、初期王朝時代だけでなく、ウル第三王朝時代にも機能していた。ウル第三王朝時代の人員表では、孤児を示すことはないが、初期王朝時代の大麦支給表と同じく、子どもがいれば、その子への支給を記録する。内部補充制度が機能していたことは、次のことも根拠になろう。

ウル第三王朝時代ラガシュの製粉所の記録では、父親でなく、母親の名が記される女性が三〇人おり、全体の二一%と高い比率である。父親の名が記される者は、二三人(一六%)である。父親の名が書かれないのは、父系家族を前提にできない奴隷的存在であったためであり、母親としてあがる女性は織物工房などで働く下級労働者（家内奴隷）であったと考えられる。さらに、献納された女性の娘がこの組織で養育されたあと、成人し、働き手になっている場合があることから、ウル第三王朝時代の製粉所でも、初期王朝時代の内部補充の方法が、依然として機能していたとみることができる。

述べたことをまとめれば、構成員の任用には、家族を基礎にした任用、外部からの補充、それに内部補充があるが、それらを初期王朝時代とウル第三王朝時代の相違を加味してまとめれば表19のようになる。

参考文献

前田徹「エミ文書研究覚書（I-II）」『史朋』六、一九七七、一～八
前田徹「シュメール王権の展開と家産制」『オリエント』三八-二、一九九六、一二一～一三五
山本茂「シュメール都市国家ラガシュにおける神殿の社会組織について――割当地保有者をめぐって」『史林』四一、一九五八、五八一～六〇四
山本茂「シュメール都市国家の労働組織について――ラガシュのバウ神殿と自由人および奴隷との関係を中心に」『西洋史学』四八、一九六〇、一七四～一九七
山本茂「ラガシュ王国の軍事・労働組織に関する文書の背景の研究（I）」『西南アジア研究』一五、一九六五、九～四〇

第十九講　労働と身分・生活保障

年齢区分と家族

王家の家政組織（公的経営体）は、なんらかの仕事を果たすことを期待して人を任用した。彼らに対する大麦支給が、労働に対する対価、すなわち賃金なのか、それとも構成員であることの身分・生活の保障なのか、あえてこうした区分を設け、そうした視点から、初期王朝時代とウル第三王朝時代の家政組織のあり方を比較して考えたい。

前回取り上げた初期王朝時代の年齢区分では、労働が期待できる成人と、労働を課されない子ども（孤児を含む）に大別され、成人は正員と見習に二分されていた。子どもと孤児への支給は次世代の労働力を確保するための養育であった。このことから、大麦支給は、直接的には労働の対価でなく、組織維持のための身分・生活保障であったと捉えることができる。

ウル第三王朝時代になると、子ども（幼児）、未成年、成人、老人の四区分があった。初期王朝時代の区分と対応させれば、子どもは同じであり、未成年は、初期王朝時代の見習に相当する。老人が、ウル第三王朝時代以前になく、新しく設けられた区分である。

老人とは、現役を退いても、人員表から外されることなく、定期的に支給が受けられる者である。事情は不明であるが、製粉所で働く女奴隷が「老人」から「正員」に戻された例がある。労働力不足を補う処置なのだろう。ともあれ、支給される大麦が少なくなるとはいえ、受給できるのであるから、老人という区分設定は、老後を保障する意味で、生活保障・身分保障のためといえる。初期王朝時代と同様に、ウル第三王朝時代になっても、大麦支給は、身分・生活保障のためにあったと想定してもよさそうである。

老人とは何歳からか、そうした規定があったかどうかも問われるだろう。規定の存在は未詳であるが、老人の年齢を推定できる史料はある。ウンマ文書に、ルガルギシュフルエという名の皮鞣人《かわなめし》がシュシン六年三月に死亡した記録がある。彼は、死亡時、老人として大麦を受給していた。死亡したシュシン六年より三五年さかのぼったシュルギ二八年一月の文書に、同名の皮鞣人が大麦を受給した記録がある。同一人物であろう。このことから、彼は、少なくとも三五年間、工房で働いたことになる。皮鞣の仕事に従事するのが、先に初期王朝の文書から推定したように一三〜一五歳であるならば、死亡時の年齢は、五〇歳前後になる。この例から、老人とは、おおよそ五〇歳以上であったと想定することが可能となる。

ウル第三王朝時代の大麦支給は、初期王朝時代と同様に、人員確保に必要な所属民の家を維持・継続させることが目的であった。それにかかわるのが、ウル第三王朝時代ラガシュの人員表にあらわれる「三人の子の母」「後継者のいない老人」「死亡した(者)」という用語である。「三人の子の母」とは、夫が死亡し、後継者である子が幼く、しかも多くの子をかかえた寡婦《かふ》が、「子の後見人」として肩代わりをすることである。この場合、夫役《ぶえき》は、通常の五分の一ですんだ。「後継者のいない老人」とは、本来負担のない老人であるが、後継者を亡くしたことで、再び義務を負う者である。彼は、通常の四分の一の負担であった。最後の「死亡した〔者〕」とは、義務を負う父が死亡し、後継者として登録された子が、幼児ではないが未成年である場合のことである。彼は、通常の二分の一の課役であった。「死亡した者の子、幼少のために、都市支配者（エンシ）が解放した」と記されたウンマ文書があり、後継者が、任務を果たせない幼児であれば、免除される場合があった。

ここに示したような仕事の減免は男性に関してあり、女性労働者に関して、そうした規定はみあたらない。仕事の減免規定は、まずもって人的資源の再生産の場である家族、父から息子への継承が当然視された家族を擁護し、崩壊させないための処置と考えられる。

孤　児

一方、初期王朝時代の女奴隷の支給表にあげられていた孤児は、ウル第三王朝時代の人員構成員表において区分として使われなくなる。孤児・寡婦については、初期王朝時代ラガシュの支配者ウルカギナが「寡婦、孤児を力ある者のもとにおかない」と宣言したように、シュメールでは、早くから、父や夫を亡くし、その庇護を失った孤児・寡婦が社会のなかでもっとも無権利な弱者とされ、それを救済することが王の責務とみなされた。王は、階層分解によって都市本来の秩序が破壊されるのを防ぐことを本務とするのであり、以後長く、「強き者が弱き者を虐げない」（ハンムラビ法典、古バビロニア）、「弱き者を虐げないで、力なき者に正義を保持する」（アッシュルバニパル碑文、新アッシリア）、「高貴なる者が弱き者を虐げ、殺してはならない」（ダリウス一世、アケメネス朝ペルシア）のように、時々の王によって宣言された。しかし、それはあくまでもスローガンであって、具体的な方策を実施したという記述はない。

理念的には王が負う義務の一つが社会的弱者（孤児・寡婦）の救済とされたので、ウル第三王朝時代の人員表に孤児の項目がないとしても、それが孤児の救済を無視した証拠になるとはいいきれない。例えば、人員表において、「二〇シラ（の大麦受給）（女奴隷）ゲメシャラ、死亡したニンラマの子」のような記載は、受給者の母が、この時点で死亡しているので、受給者は親を亡くした孤児ということになる。ゲメシャラが受給する二〇シラは成員が受領する最低量であるので、ゲメシャラが成員なのか、子ども（孤児）なのかの判断はできない。そうであっても、親を亡くした子を放逐することなく、公的経営体において養育するという制度は存続していたと考えられる。

労働強化

述べてきたことを要約すれば、ウル第三王朝時代に公的経営体の所属員に支給される大麦や耕地は、初期王朝時代と同様に身分保障・生活保障であったことになる。その一方で、初期王朝時代と相違する面も顕著になる。次にそのことを述べたい。

初期王朝時代と違って、ウル第三王朝時代には、合理的な労働管理のために、休日、病欠、死亡、仕事の減免などを丹念に記録した。公的経営体の所属員は一日に果たすべき労働量が定められており、画一的な労働管理が前提となって文書が作成されるようになっていた。

ひるがえって初期王朝時代の大麦支給表(職員録)をみれば、受給者がどのような仕事をしたのか、病欠などがあったのか、などの記述はいっさいない。丹念に記録されたのは、構成員の名とその総数、支給に必要な大麦の量である。支給表では、その時点で大麦を受給しなかった者を一目でわかるように数字を別字で記し、集計の項目では支出されなかった大麦の合計が別に計算されている。支給する大麦に関しては詳細に記録するが、受給する者の労働の質や量を問う項目はない。そうした初期王朝時代の支給表を対比させれば、ウル第三王朝時代に会計簿が整備されるほどに、労働強化になっていく側面があったことは明らかである。

大麦支給は労働の対価か、身分保障かの問題に答えるとすれば、初期王朝時代には、大麦支給を労働とリンクさせる会計簿はなく、構成員の身分保障としてあったと考えられる。時代がくだったウル第三王朝時代でも、弱者救済や老人保護、休日など、労働者を保護する制度が整い、大麦支給が身分保障的な側面をもつことは確かである。

しかし、労働日の概念が導入され、画一化された労働把握のもとで、常に規則(ノルマ)に従った仕事が強制された。つまり、公的経営体が期待する労働を果たすことが、身分保障の前提になった。ウル第三王朝時代の大麦支給は、身分保障と労働の対価の二面性をもって支給されたといえる。重要なのは、構成員を労働する者と捉えて、その労働を監視することが常態になったことである。

加えて、ウル第三王朝時代には、初期王朝時代にはなかった仕事のために人を雇うことも多くなった。

直営地耕作人の労働集計表には、人を雇うために必要とした大麦量と、その大麦で雇われた人の労働も記録されている。公的経営体の構成員は、賃労働者とともに働いた。そのことで構成員に支給される月々の大麦も、同じ労働の対価と意識されることになったと考えられる。

債務奴隷の増大

債務奴隷は、負債がある限り奴隷であるが、理論上はそれを返済すれば自由民に戻れる。奴隷なのか自由民であるのかの境界が不鮮明な債務奴隷という社会層が増加することで、奴隷と自由民との差異が曖昧《あいまい》になっていく。それが前三千年紀最後を飾るウル第三王朝時代の状態であろう。

ウル第三王朝時代では、都市民が債務奴隷になることが多くあった。負債とそれによる家族の債務奴隷化の経緯を知りうる文書があるので、取り上げたい。それは、ウルキアグムの子ルシグの負債と返済をシュルギ四二年からイッビシン二年までの経緯としてまとめた文書と、それに関連するいくつかの文書である。それらの文書によれば、ルシグはシュルギ四二年と同四四年に、合計三グ四六マナ一四と三分の一ギンの重さの羊毛を債務として負った。その負債について、二一年後のシュシン七年に、羊毛一八と二分の一マナ分を大麦で支払った。さらに四年後のイッビシン二年、シュルギ四二年からは二六年後であるが、彼の負債問題は決着した。負債のうち、羊毛四八マナ分を銀四ギンで支払い、残りの羊毛二グ四〇マナに相当する銀一三と三分の一ギンについては、妻と子（計三人）を債務奴隷とすることで帳消しになった。羊毛一五と三分の二ギン分の過払いであるが、その処理については、粘土板文書の当該箇所が破損し、不明である。ルシグは長期にわたって負債をかかえており、最終的には、家族を売ることで帳消しになった。債務奴隷の典型となろう。

安定しているはずの公的経営体に属する者も債務を負い、家族を売った。別の例を、直営地耕作人と料理人で示したい。まず、直営地耕作人が破産して、家族が家政組織に奴隷として捕らえられた例をあげる。

ウル第三王朝時代の直営地耕作人は六イク(約二ヘクタール)のクル地を与えられており、クル地からの収穫大麦は五グルから一〇グル程度になる。大人一人が一年に必要とする食料が一グル程度であるので、十分かどうかはわからないが、家族を養えたはずである。

しかし、予想に反して、一一人という多くの直営地耕作人が破産し(字義は「破壊された家」)、返すべき牛の代わりに、公的経営体が、クル地の収穫大麦を没収し、妻、娘、息子の嫁、奴隷を捕らえた。直営地耕作に使用される牛は、直営地耕作人の所有でなく、公的経営体から貸与されていた。その牛を返せなかったために、家族が奴隷にされた。

破産者の一人、アドゥは、破産した年に、次のような要求書を提出している。

アドゥとその子たちの大麦支給は、五月以来支給されていないので、返すべき耕作牛の不足分(未払い分)に(充当するように)と、アドゥとエンリルライシャが申し出た。

要求書をアドゥとともに提出したエンリルライシャは、アドゥの息子であろう。アドゥは、返すべき牛の代わりに、公的経営体からの支給されないままの大麦を充当するように要求した。しかし、この要求は受け入れられず、妻が奴隷として捕らえられた。

五月以来、アドゥとその子に対する大麦支給が停止されていたのには、理由があった。公的経営体は、古代日本の出挙《すいこ》のように、構成員に大麦を貸し付けていた。返済が滞った例が多く記録されており、返済不能の場合、定期支給を停止して、支給すべき大麦を返済分にあてるという相殺の方法が採られることがあった。アドゥの場合もそれにあたるのだろう。貸付の返済未納分と相殺されたことで支給が停止になっているのであるから、戻すべき牛に代えて、未支給の大麦を弁済に使いたいという要求がとおるはずもなかった。

直営地耕作人は家族や奴隷を売ったが、本人が奴隷になった例はない。公的経営体にとって直営地耕作人の欠員はあってはならないことであり、それを配慮してのことだろう。この時期の文書によれば、直営地耕作人の前職が、織物工房の長、牛の牧夫、玉座持ちであった例が知られる。人の移動は頻繁で広範囲に及んでいた。公的経営体が、家を単位とした父から子への継承だけでは組織の構成員を充当できず、補充できる人材を、諸々の機会を利用して探していた。公的経営体は構成員と後継者の維持に悩まされていたと考えられる。

次に、公的経営体に属する料理人を取り上げたい。アマルシン六年からシュシン一年の五年間に生じた一〇人の料理人の負債とその返済をまとめた記録である。ただし、この文書は負債や債務奴隷と明示することなく、料理人ごとに、料理人の長からの大麦と、料理人自身の家族や財産を記して、それらが、当該料理人の「〔返済すべき〕不足分（lá-ì）」という形式で記録する。こうした形式ではあるが、料理人が公的経営体に対する不足分（未返済、負債）をかかえ、その返済に家族（妻、娘、奴隷）や土地を充当した（売った）記録であることは確かである。

負債のうち、大麦での支払いは、料理人の長が肩代わりをし、その残りを、料理人本人の家族・財産で補っている。料理人の長が代納するのは、料理人の組織(厨房)を維持するための方策だろう。料理人本人が差し出した家族や財産は次のようになっている。二人の料理人は妻一人を、一人が妻と娘二人、もう一人が妻と土地、別の一人は女奴隷とその奴隷の子三人を返済にあてた。大麦を料理人の長でなく、債務者本人が弁済することも一例ある。ウル第三王朝時代の奴隷売買契約では、幾度となく述べたが、多くが女子を売っていた。料理人にかかわるこの文書でも、女性が売られ、後継者である息子を奴隷に売る例はない。

一人の料理人については、料理人の長からの返済大麦を記したあと、弁済としての家族の記事があるべきところに、「何も取るものがなかった(nig-na-me nu-tuk)」とある。返済に充当できる財産や家族がなかった。それでも、彼自身が売られることはない。

負債をかかえた料理人のなかに、死亡と明記された者が三人いる。彼らの場合、弁済のための大麦は料理人の長から支出されるが、それ以外の、返済にあてるべき家族や財産は記録されない。記録しないのは、所有しないからでなく、家族・財産による返済を免除されたためであろう。料理人本人が死亡していた場合、公的経営体に対する任務を果たすため、家族の存続が優先され、子が成人して父を継ぐまで、家族を解体することなく、猶予を与えたと考えられる。「何も取るものがなかった」と書かれた料理人を含めて、家を単位にその義務を継続して果たすことが求められた。公的経営体の組織を維持するために、離散家族をつくらないための方策である。今回の講義の最初に述べたウルキアグムの子ルシグの負債が、二六年という長い年をへたのちに決着したことについても、所属員の家族を破壊することなく、子が父に代わって公的経営体での職務を果たす状態が機能するまで、待ったと考えることもできる。

公的経営体の所属民である直営地耕作人と料理人についてみてきたが、その例から明らかなように、公的経営体が基礎とした所属民の家族も、社会全般の債務奴隷化の渦に呑み込まれ、弱体化していた。それに関係すると思われる文書を示したい。

マシュエンカク〔身分〕の直営地耕作人イブニイルムの妻〔名前の一部不明〕アマリヌは、彼〔夫〕が、子を売り払ったので、ニップルのサグダナにあった牢獄〔に収監されたあと〕そこから〔ウルサグリグへ連れて行かれた〕。（後略）

（末尾）織物工房の女奴隷たちへの大麦支給。奉納された奴隷。

この文書は解釈の難しいところもあるが、文意は次のようになろう。家長が次世代の義務を負うべき息子を売ってしまった。そのことが罪であり、それゆえに、公的経営体において職務を果たす家長でなく、彼の妻が牢獄におかれたのち、ウルサグリグという町まで、織物工房で働く女奴隷として連れて行かれた。この解釈が正しければ、公的経営体における職分を、親から子へと家族内で継承することは、権利というよりも義務であり、その義務を放棄することは罪となるということである。この文書が示すのは、直接的には、マシュエンカク〔ムシュケーヌム〕身分の隷属性かもしれない。しかし、より一般的に、公的経営体は、組織維持のために、後継者を育てないことが罪という新しい項目をつくりだし、それを罰するようになっていたと捉えることができる。

ウル第三王朝時代の公的経営体が所属民の家族を債務奴隷として奪うことが常態となったことは、初期王朝時代的公的経営体からの変質であり、異質の存在へと変わったことを示す。前回の最後に示した表19（二二二頁）で、初期王朝時代の家政組織を構成する「クルを定められた人」に対応する階層がウル第三王朝時代には消失していたことを示した。その根拠は、初期王朝時代の家政組織において構成員を二分する指標であったクル地支給が、ウル第三王朝時代では異なった形態をとり、同一労働集団のなかに耕地を受領する者と大麦支給を受ける者が混在しており、管理・監督する者とされる者との身分差の指標になっていないことである。さらに、公的経営体の所属民を含めて、すべて家内奴隷化したのではないかとも示唆した。公的経営体が依存せざるをえなくなったシュメール社会において、奴隷と自由民との境界が曖昧になっていた、というより、自由民の奴隷化が進んだといったほうが適切かもしれない。

公的経営体が都市に依存することに関係すると思われる文書を最後にみておきたい。それは粉挽《こなひき》女集団の人員簿であり、粉挽女集団の長である女性が、耕地検地人の所有になる奴隷の妻と記されている。この女性は、奴隷の妻であって、自身が奴隷であったと書かれていないので、奴隷と結婚した自由民の女性かもしれない。奴隷なのか自由民なのか、判断はできない。耕地検地人からの献納とも書かれていないので、どのような形で公的経営体に所属することになったか、自分の意志なのかどうか、具体的な事情も不明である。問題は、奴隷である夫の所有者、耕地検地人がこの女性に対して有するはずの権利である。「耕地検地人の奴隷である者の妻」を文字通りに読めば、私人が所有する奴隷の妻が、主人の家で奉仕することなく、公的経営体で働き、それも集団を束ねる重要な役割を担っていたことになる。公的経営体が都市への依存度を高めていた例となろう。

参考文献

前田徹「シュメールの奴隷」『北大史学』三五、一九九五、一〜二三

Heimpel, W., *Workers and Construction Work at Garshana* (CUSAS 5), Bethesda, 2009.

Struve, V. V., "Some new data on the organization of labour and on social structure in Sumer during the reign of the IIIrd dynasty of Ur.", in I. M. Diakonoff (ed.), *Ancient Mesopotamia*, Moscow, 1969, 127–172.

第二十講　差別と迫害

差別と迫害は、古今を問わず歴史の主要なテーマになる。差別・迫害という行動が生まれる前提には、自らがどのような社会的集団に属し、どのような者として位置づけられているかという自己同定がある。この問題を切り口にしてシュメールを考えることにしたい。

最初に、自己同定の問題を古代ギリシア人の自己意識から論じたカートリッジの著書があるので、それを、比較のためにみておきたい。彼は、自己と他者の肖像という副題のもとに、「意義ある他者――我らと彼」「過去を創造する――歴史対神話」などの項目に分ける。そのなかで、差別と迫害が問題になるのは、ギリシア人対異民族、男性対女性、市民対非市民(異邦人)、自由人対奴隷の四つである。対比された項目のなかで異民族・女性・異邦人・奴隷が差別される側である。対するギリシア人・男性・市民・自由人は有意味な社会的存在とされるが、ヒトラーが健全なドイツ国民を夢想して悪業を平然となしたように、健全で有意味と思える言葉ほど、暴走する面があることを忘れてはならない。それは別にして、現在でも自己同定の主たる基準になりうる宗教を、カートリッジは取り上げない。同様にメソポタミアでも宗教はあまり、問題にならない。

古代ギリシアにおいて、市民対異邦人の対立構図が重要であったのは、市民的権利にかかわるからであり、同じポリスに住んでも、異邦人は市民と認められないで区別された。こうした構図は、前三千年紀のシュメールにはない。シュメールでは、市民権の概念が明確でなく、異邦人(在留外国人)の概念も不鮮明であり、差別や迫害の根拠になりえなかった。シュメールの都市国家とギリシアのポリス(都市国家)との相違である。都市国家とされるギリシアとシュメールとを比較してみたい。

都市生活は、ギリシアの独占物とイメージされることが多いが、メソポタミアでもギリシアと同様に都市生活が中心であった。シュメール人は、自らが文明の民であることと対比させ、「(遊牧民)マルトゥは、家を知らず、町を知らない。山において露天に暮らす者である」のように、周辺諸民族の野蛮性を、都市を造らないことで表現した。メソポタミアでも人間とは都市に住む者であるが、しかし、ギリシア史では重要である市民中心の政治史、貴族と平民の争い、市民闘争は書かれることがなく、王朝交代や王権の拡大として叙述されるのが常である。こうした記述になるのは、ギリシア的な意味での市民が未成熟であったからである。この点を際立たせるために、メソポタミアとギリシアを、市民と軍役・労働の二点で比較したい。

市民

ギリシアにおける市民とは、そのポリスの政治に主体的に参加しうる者、ポリスを守るために兵役に就く権利と義務を有する者である。こうした権利と義務が在留外国人や奴隷に認められていなかった。市民の政治参加が市民社会を保証する。

そうした政治的権利という概念は、メソポタミアで生み出されていない。政治闘争の歴史は知られないし、法典類に立法に関する条文はない。メソポタミアの三法典の最初にあがる条文は、リピトイシュタル法典では破損して不明であるが、ウルナンム法典とハンムラビ法典では、次のようになっている。

ウルナンム法典

第一条　もし、人がほかの人の頭に武器を打ち下ろしたならば、その人は殺される。

第二条　もし、人が強盗を働いたならば、殺される。

ハンムラビ法典

第一条　もし、人が人を訴えて、殺人の罪を着せたが、それが立証されない場合、人を殺人の罪で訴えた者は殺される。

第二条　もし、人が人を魔術使用のかどで訴えたが、それが立証されない場合、魔術使用で訴えられた者は川の神のもとに行き、川に飛び込まねばならない。（以下略）

第三条　もし、人が偽証をもって証言し、その述べた言葉が立証されない場合、それが人の生死にかかわる訴えであるとき、その者は殺される。

ウルナンム法典とハンムラビ法典の最初の条文は、殺人・強盗と偽証に関する。これらの項目を、聖書（『出エジプト記』二〇、一三〜一六、『申命記』五、一七〜二〇）に並ぶモーセの十戒、(6)殺してはならない、(7)

姦淫してはならない、(8)盗んではならない、(9)隣人に関して偽証してはならない、と対置すれば、それらが、神の神聖な掟によってもっとも罪とされたことは明らかである。メソポタミアで編纂された三法典は、王が立法者として定めた法でなく、普遍的な神の掟を知らしめるものである。

ハンムラビ法典の冒頭の三つの条文は、先に示したようにモーセの十戒との対比から神の掟に逆らう偽証を罰する規定であることは確かである。私はそう捉えるのであるが、概して、裁判における訴訟手続きの条項と捉えることが多いようである。そうでないことは、ギリシアでなくローマの例になるが、十二表法の最初の条文、

もし原告が〔被告を〕法廷に召喚するならば、〔被告は〕出頭すべし。もし、出頭せざれば、〔原告は〕証人を召喚すべし。そののちに〔原告は〕被告を捕らえるべし。

を対置させることで、明らかになる。十二表法は、引用文にあるように、純粋な意味での訴訟手続きから始まるのであって、ハンムラビ法典の冒頭の条文が偽証などをあげることとの差は歴然である。同じ都市といっても、市民主体の法運営があるかないかによって、法の条文に差が生じたのである。

兵役・労働

ギリシアにおける市民の権利と義務の第一は兵役であるが、シュメールでは、王が二大責務の一つに外敵を防ぐことをあげるとしても、都市民に兵役義務はない。兵役は、王の臣下になって土地なり食料支給を受ける見返りに課せられた。

労働についてもシュメールとギリシアでは少し異なる。古典期ギリシア、とりわけ、アテナイの人々は、生産を奴隷の労働として蔑視《べっし》したといわれている。理性や知性が肉体を支配するように、市民の生活は、賤《いや》しき仕事に従事する奴隷を支配し、余暇を政治参加と真理探求のために使うことを理想とした。

シュメールには、ギリシア人のような余暇の使い方はない。しかし、労働については、ギリシアと同じ労苦とみなした。シュメール神話によれば、人間の創造は、大いなる神々のために果たす小さき神々の仕事を引き継ぐ者を創り、労苦を肩代わりさせるためであった。人間は神々に奉仕するために創造されたのであり、労働は神に課せられた労苦となる。人間はおしなべて神々のために働く奴隷と観念されたので、シュメール社会における自由民と奴隷の関係は二次的なものであり、ギリシアと異なり、その境界は曖昧《あいまい》になる。

奴隷の比較

奴隷的存在の相違を、逆の側面、自由からみたい。太田秀通氏は古代ギリシアにおける自由の特徴を四点あげる。

(1)奴隷制ないし奴隷の境遇からの自由　(2)債務からの自由
(3)僭主《せんしゅ》政からの自由　(4)異民族支配からの自由

前三千年紀のシュメールにおける自由の付与とは、なんらかの理由で奴隷身分に落とされた者を自由身分に戻すことが第一義であるので、太田氏があげる(2)「債務からの自由」が、シュメールにおける基本的な自由概念と対応する。(1)「奴隷制ないし奴隷の境遇からの自由」は、シュメールでは明確でなかった。債務奴隷の解放が宣言される一方で、本来的な奴隷、つまり、異国に出自をもつ購買奴隷や捕虜奴隷が、自由付与の対象になった証拠はない。

(4)「異民族支配からの自由」は、シュメールにおいても、ウル第三王朝時代のウルナンム法典前文に例がある。

ウンマ(アクシャクの誤記)、マラダ、シュブル、カザルとその周辺域、ウザルムはアンシャンの枷《かせ》(?)のもと奴隷状態であった。我が主ナンナ神の力で、それらに自由を与えた。それらの市は自らの王座を保持した。

アンシャンとは、スサと並ぶエラムの中心都市である。異民族エラムによる支配が、奴隷状態と表現される。それに対して、シュメール・アッカドの都市がほかのシュメール・アッカドの都市に征服されても、それを奴隷状態と表現することはない。野蛮な異民族の支配から脱することが「自由」になる。

(3)「僭主政からの自由」は、市民的自由を脅かす暴君と化した僭主に対抗する市民の権利の擁護のことであり、ポリス的存在としての市民の自己意識がよく表現している。ここに、シュメールとギリシアの相違があらわれている。つまり、ギリシアにおいては、前提として市民があり、その自由の獲得は、近代のように「我々は人間であるがゆえに自由を要求する」のでなく、「我々は市民に属するがゆえにその市民たる自由を要求する」のである。この場合の自由は、リバティに「権利」や「特権」の意味があるように、市民身分に付随した権利・特権と言い換え可能である。

シュメールの自由が、ギリシアと決定的に相違するのは、自由を市民的な権利として明確に捉えなかった点にある。アテナイの民主制の出発点となったソロンの改革によって、耕地や身体を抵当とする借財を禁じて、市民が債務奴隷に落ちる道を永久に閉ざしたことが、市民社会の安定に貢献した。対して、シュメールではときに債務証書の破棄を命ずる徳政令が発せられることがあったとしても、身体を抵当にした借財という契約形式そのものを禁止することはなかった。このように自由の側面からシュメール社会をみると、自由を担い、その特権・権利を主張する一定の社会階層の欠落が特徴として指摘できる。

捕虜奴隷の過酷な運命

話をシュメール社会の奴隷に移したい。奴隷制度を、生きる術を失った者を保護する社会保障制度として評価する人がいる。しかし、奴隷制度は、決してなまやさしい制度ではない。戦争捕虜を例にとれば、ウル第三王朝第四代の王シュシン七年のザブシャリとの戦争では、敵の王や将軍が捕虜となり、目を抉《えぐ》った兵士たちも最高神エンリル神をはじめとした大いなる神々の菜園に奉納されている。「目を抉られた人」に関連する古い記録としては、初期王朝時代のラガシュ文書に、外国で買われ、菜園に働く「目の見えない人」がある。男性の捕虜は、耕作などの一般労働でなく、特殊な用途にのみ活用されたと考えられる。捕虜奴隷の記事をウル第三王朝時代の行政経済文書に拾うことができるが、男性捕虜はまれで、多くは女性が中心であった。シュシンも、女奴隷を大いなる神々の製粉所や神殿に奉納している。

捕虜奴隷を考えるときの重要な史料であるウンマ文書を、ゲルプが分析している。この文書はアマルシン五年の日付があり、戦争捕虜である女奴隷への大麦支給を記録する。ゲルプは、「一六七人の成人女、そのうち一二一人が生存し、四六人が死亡、加えるに二八人の子ども、そのうち五人が生存、二三人が死亡」という、異常なまでに高率の死亡者数をあげ、戦争捕虜となった人々に待っていた過酷な運命を指摘した。

ゲルプの論文は、現在でもそのまま引用される。しかし、彼の論文にあがる数値には、何か誤解があり、正確ではない。さらに、この文書は、シュルトフム征服によって獲得された捕虜奴隷をウンマのシャラ神に献納したアマルシン四年の記録と比較する必要があるが、ゲルプはおこなっていない。理由は、シュルトフムの戦争捕虜を記す文書に書かれた年名「ナンナ神の神官を任命した年」が、ゲルプが研究した当時ではアマルシン九年の年名の省略形とされており、五年の文書とは年が離れすぎて無関係と理解したからである。その年名が、アマルシン四年の年名「ナンナ神の神官エンマフガルアンナを選んだ年」の省略形と正しく指摘されたのは、ゲルプが論文を発表してから一四年が過ぎた一九八七年である。ゲルプの成果を正確に継承するためには、彼がおこなわなかった比較検討を必須とする。

戦争捕虜を得たアマルシン四年のシュルトフム遠征に関連しては、いくつかの文書から、勝利を祝う宴が、王都ウルで七月に、聖都ニップルで八月に催されたこと。同じ八月に、戦利品である家畜がプズリシュダガンの貢納家畜管理施設で分配されると同時に、戦争捕虜の女奴隷も、ウンマの都市神シャラ神に奉納されたことを知る。

この女性の戦争捕虜を記したウンマ文書が、比較の対象になるのであるが、五枚が知られている。それらの文書の末尾には、「戦利品として〔ウンマの都市神〕シャラに奉納された者であり、シャリブフム／シャリトフム〔シュルトフム〕の町から〔の戦争捕虜〕。ウンマの支配者ウルリシが受領した。ウンマの八月、アマルシン四年」とある。シュルトフムの表記・綴りが異なる文書もあるが、日付を含め同一内容の文書である。なぜ、同内容の記録が多く残ったかは不明である。

そこに記されたシャラ神に奉納された捕虜奴隷の人数は、

成人の女奴隷一一三人、〔労働可能な〕女子三一人、〔労働力として期待されない〕男児一三人と女児一五人、

合計一七二人。

である。シャラ神に奉納されたあと、捕虜奴隷の大多数は、ウンマにあった製粉所所属の粉挽《こなひき》女集団六隊に配置された。そのほかに、ウンマにおける有力な神ニンウルラ神やグラ神、さらには、門衛、酒杯人、漁師などに分配・配置された。ゲルプが分析した「戦利品〔捕虜〕の〔女奴隷〕の大麦支給」は、前年八月に捕虜奴隷がウンマにおいて分置されたあとのアマルシン五年二月の記録である。

さて、アマルシン五年二月の支給記録に記された女奴隷の総数は、支給を受ける者に死者となった者を含めて一八六人である。彼らは、「補充された〔女奴隷〕」と、「古くからの〔女奴隷〕」に区分されている。一五人の「補充された〔女奴隷〕」とは、死亡などで欠員が生じたことで新たに送られてきた捕虜奴隷であり、残る一七一人が「古くからの〔女奴隷〕」であり、彼らが、前年八月に王によってシャラ神に奉納された者である。この一七一人という数値は、前年の奉納記録にある一七二人と一致しないで、一人少ない。そうなった理由についてはあとで考えたい。

二月に作成されたこの文書は、配置されたのちに死亡した者を記録すると同時に、ウンマに連れてこられ、各所に配置されるまでに死亡した者を別枠で集計した項目がある。死者の数をみれば、シャラ神に奉納された前年八月から、各所に分配されるまでのあいだに死亡したのが二二人である。約一三%が死亡した。加えて、配置先の織物工房などで死亡したのは三六人であり、死者の合計は五八人となり、全体の三四%になる。「病気」と書かれたのも二二人おり、死者に病人を加えると八〇人になる。全体の四七%である。シャラ神に献上するためにウンマに連れてこられて半年後に、死者が三分の一に達し、病人を加えると二分の一近くになっていた。ゲルプが強調したように、これは異常な数値である。

「古くからの女奴隷」の総数が、奉納された人数より一人少ない一七一人であることについて、その理由は次のように捉えることができる。着目すべきは、別枠で死者を合計する箇所で、死者を、「成人（dub-sag）」と「二〇シラ（受給の）子ども」との二項目に区分した表記である。ゲルプは、「二〇シラ（受給の）子供」と読むべきdumu 0.0.2を、dumu-ugula「ウグラ（集団の）長の子」と解釈した。二〇シラの量の表記とウグラ（ugula）の文字は同形で、区別できないことによる。彼の解釈には従えない。なぜなら、捕虜奴隷に集団長は存在せず、しかも配置された先の粉挽女集団の長は、この大麦支給表からは受給しないので、記録する必要がないからである。

この箇所で注目されるのは、「成人」に対する「子ども」でなく、わざわざ「二〇シラ（受給の）子ども」と書くことである。この書き方では、二〇シラ未満の一五シラや一〇シラを受け取る幼児が死亡しても、計算に加えない、除外したことになる。一人少なくなっているのは、幼くして死亡した者が一人おり、それが記録されなかったことによる。二〇シラ未満の受給者である幼児が死亡すれば、記録から削除され、文書に残らない。死者となれば、その痕跡さえ消えてしまう。

「補充された（女奴隷）」一五人とは、死亡によって生じた欠員を補充するために加えられた女奴隷である。そのなかには死亡や病気と書かれた者はいない。大麦支給表が作成された五年二月か、その直前に補充されたのだろう。「補充された」女奴隷が、その後、どのような比率で死者や病人を出したかを知ることはできないが、多数にのぼったことは想像に難くない。戦争捕虜は、弱き者というより、虐げられし者といわざるをえない。

奴隷の過酷な運命は、ウル第三王朝時代の人員表に、逃亡と書かれた者が多いことからも想像できる。私的な奴隷についても、多くの逃亡者がいた。ラガシュの支配者が三人の子に分与した奴隷二五八人のなかで、実際に把握できるのは二〇五人であり、残りの五三人は、逃亡や病気、その他の事情で労働に従事できない「逃亡もしくは把握できない（者）」であった。なかでも、息子の一人ドゥドゥが所有する奴隷は、登記上四八人であるが、実働者として掌握するのは一三人のみであった。じつに七三%近くの三五人が、「逃亡もしくは把握できない（者）」であった。奴隷制度の過酷な現実を示す数値である。

参考文献

太田秀通「ピュロス文書に現れた自由の観念」『オリエント』七‐一、一九六五、一五～三一

カートリッジ、ポール（橋場弦訳）『古代ギリシア人――自己と他者の肖像』白水社、二〇〇一

桜井万里子『古代ギリシアの女たち――アテナイの現実と夢』中公新書、一九九二

杉勇編『古代オリエント集』（筑摩世界文学体系1）筑摩書房、一九七八
中田一郎『原典　ハンムラビ法典』リトン、一九九九
前田徹「シュメールの奴隷」『北大史学』三五、一九九五、一〜二三
前田徹『都市国家の誕生』（世界史リブレット1）山川出版社、一九九六
Gelb, I.J., "Prisoners of war in early Mesopotamia," *Journal of Near Eastern Studies* 32, 1973, 70–98.

あとがき

本書は、文体・章立ても講義形式になっている。こうした形式になったのは、本書の元稿が講義ノートであったことが一因である。本書を理解する一助として、元稿の作成過程を述べておきたい。

勤務校での最後となる二〇一七年度の講義では、シュメール史をなんらかの形でまとめた内容にしたいと、書き溜めた講義ノートを整理し、準備を始めた。その時点で、拙書『初期メソポタミア史の研究』の校正が終わり、出版を待つまでになっていた。したがって、最終年度の講義では、重複を避けるために政治史を対象外とした。その穴を埋めるようなシュメール社会に関する具体的な事象を取り上げた講義ノートが手元にあった。二年生向けのガイダンスを兼ねた講義「西洋史概論」のノートである。この講義では、西洋史の教員全員がそれぞれの得意分野について、一回もしくは数回分を担当する形式であったので、「メソポタミアの編年」「古代オリエント史の研究動向」といった研究入門的な内容と共に、シュメールの社会について「シュメール人の生活」「女性と家族」「虐げられた人々」といった題で講義していた。

「西洋史概論」の講義ノートから取捨選択して大幅に加筆訂正し、そこに講義ではあまり触れなかった前三千年紀の行政経済文書について、その特徴と、文書の様式や用語を対象にした章を加えた。こうした過程を経て最終年の講義ノートが出来あがった。

　本書でも、中心とすべき第Ⅳ部「シュメールの社会」の前に、第Ⅲ部「王家の組織と文書」をおいている。それは、前三千年紀の史料のほとんどが、公的経営体(王家の家政組織)で記録された行政経済文書であるためである。公的経営体の記録であるので、シュメール社会の構造、身分・階級などを直接知る史料とはならない。シュメール社会の研究は、まず公的経営体が作成した文書の特徴と、そこに記録された経営体の編成原理を明らかにする段階があり、その成果を踏まえつつ、シュメール社会の在り方を類推する方法しかとれないと判断したからである。

　シュメール社会を対象にした本書は、政治史を論じた『初期メソポタミア史の研究』の姉妹編といえるが、両者には文体・章立のほかにも異なるところがある。『初期メソポタミア史の研究』は、第一部で前四千年紀末に成立した都市国家が統一国家に展開する過程を追い、続く第二部では、シュメール・アッカド人からは野蛮と見下されたエラム、マルトゥなどの周辺に住む民族に主題を移し、中心地域と対等、もしくはそれを超えるまでに成長する国家・権力の発展過程を通史的に追って論述した。そこで試みたのは、同時代史料から導き出した領邦都市国家や蛮族侵入史観という新しい概念を活用して、従来とは異なる政治史・通史を描くことであった。

　一方、本書では、シュメール人の生活を多面的に描けたとしても、シュメール社会を特徴付けるキーワードを示していない。それにふさわしい用語・概念を同時代史料から析出するためには、一九世紀的な枠組みに囚われることなく、新しい視点から探る必要があるという問題提起に留まっている。むしろ、私にとってこの問題提起こそが、本書を上梓する眼目である。

私が考える実証的歴史研究とは、客観的な事実を明らかにすることが目的ではなく、明らかになった事実に基づいて、どのような用語を使って歴史を描くかを探る方法のことである。前書において、同時代史料から領邦都市国家と括りうる都市国家群の存在を析出し、その領邦都市国家を統一王権と対峙させ、その関係如何を史料に問うた。そうした方法のことである。この研究方法の基本は、同時代史料を読み込み、どのような事実を拾い出すかである。次にどのような問題群を設定して理解するかというプロセスが不可欠であるが、あくまでも、事実をあぶりだすことが前提である。本書を読みながら、そこに記された事実から、当該社会を適切に表現しうる用語は何かを、あれこれ考えることも歴史の楽しみ方である。そうした自由な読み方を可能にするために、本書では、論述でなく口語的な講義形式での記述を選んだ。

同時代史料の読解を踏まえて旧来の説を批判する作業の一例として、家族の問題を取り上げたい。第十七講で述べたように、前三千年紀のシュメール語売買文書から、男児を売る例がほとんどなく、家人によって女児が売られる例が多いという事実が知られる。この事実を、第十九講で述べた公的経営体に属する直営地耕作人や料理人の負債返納記録において、多くが女子を売り、後継者である息子を奴隷に売る例はないという事実と付き合わせると、一つの結論が導き出される。父から息子への家長権の継承とは、血縁による家の正当な継続ということよりも、賦役や職務を果たすべき人々を安定的に確保するための制度と捉えられる。これは、氏族社会や血縁社会として見るだけでは気付き得ないことであろう。

家が、賦役や職務を担う者を永続的に供給することを期待された社会的最小単位であるならば、同じ第十七講で取り上げた初期王朝時代ラガシュにおいて一二家族が、なぜグアッバ市区に移住させられたかの理由も推定できるだろう。家長のいない欠損家族が多いことから、これら一二家族は、移住先のグアッバ市区で子らが次世代の家長となるまでの間、共同して家を維持することが期待された。この間の労働力不足を補うために、他所からの奴隷を同道させた。こうしたことが考えられる。

繰り返しになるが、既存の概念で同時代史料を読解するのでなく、同時代史料から析出した事実に新しい意味を加えることのできる枠組みや問題を設定することで、はじめて、将来に通じる道が見えてくる。私は、こうした方法を意識してシュメール史研究に取り組んできた。本書を読むことで、シュメール人の社会と生活のいろいろな側面を知ると同時に、新しい研究の可能性を探るという、私の意図も読み取っていただければ幸いである。

私が研究を始めた一九六〇・七〇年代には、シュメール研究を志す者が輩出し、日本全体がそうであったように、エネルギーに満ちていた。今日まで研究を続けてこられたのは、そうした人々から活力を得ていたからであろう。老いの繰り言になるが、あの時代が再来すればと切に願う。

二〇二〇年十月

前田　徹

前田　徹　まえだ　とおる
1947年生まれ。北海道大学大学院文学研究科博士課程東洋史学専攻中退。
早稲田大学名誉教授
主要著書・論文：『歴史学の現在　古代オリエント』（共著，山川出版社，2000），『メソポタミアの王・神・世界観――シュメール人の王権観』（山川出版社，2003），「ウル第三王朝の王シュルギと英雄ギルガメシュ」（『早稲田大学大学院文学研究科紀要』60/4，2015），『初期メソポタミア史の研究』（早稲田大学出版部，2017）

古代《こだい》オリエント史講義《しこうぎ》
シュメールの王権《おうけん》のあり方《かた》と社会《しゃかい》の形成《けいせい》

2020年10月20日　1版1刷　印刷
2020年10月30日　1版1刷　発行

著　者　前田《まえだ》　徹《とおる》
発行者　野澤伸平
発行所　株式会社　山川出版社
〒101-0047　東京都千代田区内神田1-13-13
電話　東京03(3293)8131(営業)　8134(編集)
https://www.yamakawa.co.jp/
印刷所　株式会社　プロスト
製本所　株式会社　ブロケード
装　幀　菊地信義

　ISBN978-4-634-64091-7